听！书的声音

日本选书人

幅允孝的工作

本の声を聴け

ブックディレクター

幅允孝の仕事

[日]高濑毅　王筱慧　译

幅允孝　著　工一　审

東方出版社

图书在版编目（CIP）数据

听，书的声音！日本选书人幅允孝的工作 /(日)高瀬毅, (日)幅允孝 著；
王筱慧 译. — 北京：东方出版社, 2021.3
ISBN 978-7-5207-1471-6

Ⅰ.①听… Ⅱ.①高… ②幅… ③王… Ⅲ.①图书管理

Ⅳ.①G253.5

中国版本图书馆CIP数据核字(2020)第038617号

HON NO KOE WO KIKE Book Director HABA Yoshitaka no Shigoto by TAKASE
Tsuyoshi
Copyright © 2013 TAKASE Tsuyoshi
All rights reserved.
Original Japanese edition published by Bungeishunju Ltd., in 2013
Chinese (in simplified character only) translation rights in PRC reserved by People's
Oriental Publishing & Media Co., Ltd. under the license granted by TAKASE
Tsuyoshi, Japan arranged with Bungeishunju Ltd., Japan through TUTTLE-MORI
AGENCY, Inc. , Japan and Inbooker Cultural Development (Beijing) Co., Ltd, PRC.

听，书的声音！日本选书人幅允孝的工作
(TING SHU DE SHENGYIN RIBEN XUANSHUREN FUYUNXIAO DE GONGZUO)

作　　者：【日】高瀬毅　幅允孝
统　　筹：吴玉萍
责任编辑：赵爱华
责任审校：谷轶波
出版企划：本册选书
封面设计：孙晓曦（pay2play.design）
内文设计：张艾米
出　　版：东方出版社
发　　行：人民东方出版传媒有限公司
地　　址：北京市西城区北三环中路 6 号
邮　　编：100120
印　　刷：万卷书坊印刷（天津）有限公司
版　　次：2021 年 3 月第 1 版
印　　次：2021 年 3 月第 1 次印刷
开　　本：787 毫米 × 1092 毫米　1/32
印　　张：9.25
字　　数：30 千字
书　　号：ISBN 978-7-5207-1471-6
定　　价：59.00 元
发行电话：(010) 85924663　85924644　85924641

目 录

在这个分秒必争的时代

| 幅允孝

也许你会想，"选书师"到底是一种什么样的职业？他们既不是书店的经营者，也不同于图书馆的管理员。三言两语很难说得清楚，于是我就写了这样一本书。如果非要用一句话来概述，选书师的工作就是"好好挑选图书，并在各种各样的地方制造书与人相遇的机会，让人们愿意捧起书本"。

近几年，各种媒介对人们空余时间的争夺变得越来越激烈。然而，书却是一种需要耗费大量时间才能沉入其中的媒体。在这个人人都想用几十秒动画、一张照片，甚至几句短评就大出风头，吸引眼球的时代，要让人们静下心来读读书变得更加困难了。

毫无疑问，去书店和图书馆的人在慢慢减少。就连偶然拿起这本书的你，或许也能意识到，自己已经很少去书店的书架前或者窝在家里埋头看书了吧。要在这个"人们不愿再去有书的地方的时代"，"把书带到有人的地方去"，并且，要让读这些书的人，能因此获得日常生活中的哪怕一点点动力，这就是我的工作。

不过，如果只是把自己喜欢的书单方面地强加于人，那只能得到"费力不讨好"的结果。随着 SNS 这类社交媒体的日益渗透，人们的兴趣爱好也被局限化了，自己的"喜好"往往很难跳出既定的信息圈子。就我而言，为改变这种状况，我在选书时，会不断去采访有可能成为读者的人，还要弄清楚书架设置场所的特性和背景。

说得形象些，就是把适合那个场合的书和我自己想推荐的书之间的距离尽量缩短。这方面的具体内容，我们在后文中慢慢来说吧。

总之，我自己发明了选书师这个职业并在过去的 15 年里不断试错，把图书室、书店建到了各种各样的地方。有公共图书馆、医院图书室、企业图书室，还有一些个性化的场所，在动物园、美术馆、机场里建起了可以读书、买书的地方。我的想法是，把书带进那些从来没有过书的地方，以及那些对书可有可无的地方，然后想尽办法让那里的人拿起书，翻开一页看看。

此次，邀请纪实作家高濑毅先生追踪我这些年的工作轨迹，撰写而成的《听！书的声音》中文版终于出版了。得益于"日本屋"[1]等项目的实施，选书（编排书架）这项事业正在向日本以外的国家扩展，中文版能在这个时机问世，我感到非常荣幸。不过，坦白说，这本写于6年前的书，有不少地方已经无法呈现当今社会的高速变化了。

与6年前相比，日本的社交媒体已经融入了社会生活的方方面面，人们面对手机屏幕的时间越来越长。书店数量持续减少，出版物销售额也在逐年下降。而另一方面，日本各地的公共图书馆也进行了改建或抗震升级改造，许多独具特色的图书馆作为社区公共设施焕然新生了。

说到选书，"选择"什么样的书固然重要，但如何"展

---

[1] 日本屋：由日本外务省主导的项目，主要内容是在国外城市设置据点，提供餐饮、购物、展览等多种服务，以此向当地人展现日本文化的魅力，并传递最新鲜的文化信息。幅允孝团队负责这一项目图书室的建设。目前日本屋已落户巴西圣保罗、美国洛杉矶和英国伦敦三座城市。"日本屋"英文表述为 Japan House。

现"选定的书则更为重要。

这样的时代已经到来。

就是说，无论我们建造多么漂亮的图书馆或书店，无论多么精心地挑选图书，如果在书架上堆放得乱七八糟，那谁都不会想要拿起来看看。例如，要让书脊整齐划一地和书架边缘对齐，要斟酌怎样给书排序，相邻的两本书是不是有关联。不仅如此，还有书架的板材，旁边说明文字的用纸，字体的创意，主题的命名方法，书架前的地板，打光的设计……所有这些要素，都关系到人们拿起书的动机。如果不在这些细节上下功夫，就无法打通书与人"交流"的渠道，也就无法实现"让读者看这本书"的目的。

为了避免误会，我要事先说明的是，我并不是在这里给那些近来不断增加的时尚图书空间设计项目做宣传，而是想表达我的真实想法。说老实话，现在，要想让人们对一本书产生兴趣，伸手拿起它，翻开阅读它，就一定要反复考虑那些以前我们想都没想过的细节。否则，书就传递不到人们的手里。

如果再进一步说的话，最理想的状况不是以"快看，快看"这样施加压力的方式让读者去看书，而是要创造让他们"反应过来的时候已经在看书了"的环境和氛围。应该如何设计这种非刻意地引起读者注意的模式，是我每时每刻都在思考的问题。

因此，在《听！书的声音》中文版中，作为特别篇，我自己撰写了介绍最新案例的章节。人与书（信息）的关联日新月异，我想通过更新的案例，来提升思考的高度。

我希望这本书不仅限于出版、书店、图书馆的相关从业者阅读，而是作为一种沟通理念，传达给更多的读者。是的，我想借这本书告诉读者朋友们的就是，去寻找属于自己的"传达方式"，去体会其中的苦与乐。

这是一场不断探索如何"把难以传达的东西传达出去"的旅行。无论在哪个时代，人们都是为了逃避孤独，获得共鸣和认可而生的。然而，在当今社会，对于这个没有唯一答案的命题，人们似乎连回答的线索都感知不到。把自己喜欢的东西传达给别人，无论在哪个时代，这都是人们所期望的。

如果这本书能够给那些渴望"传达出去"的人带去小小的启迪，就是我最高兴的事了。然而，也请朋友们记住，最终的答案必须是直面自己的处境，经过一次次的失败，由自己去发现。

这本书绝不是传授沟通魔法的书籍。请朋友们把它作为对"如何传达"这一问题不断思考，并挣扎其中的个人奋斗记来读吧。

听！书的声音

|高濑毅

人为什么走进书店？按说，如果想买书，现在绝大部分书都可以在亚马逊等网上书店找到。东奔西走，累得双腿僵直，逛好几家书店也找不到的书，只要躺在家里动动手指，就能在电脑、智能手机上随心所欲地下单。

这真是一个便捷的时代呀，感谢万能的互联网。不过，即便如此，今天我还是要到书店去，不知怎么的，就溜达进去了。

今天我还要到书店去，为什么？

也许，是想在那里，邂逅一两本意想不到的书或者杂志吧。

咦，还出了这样的书？嘿，这本特辑编得有点儿意思！哦，原来这位作家还写过这种题材。随意自在地扫一眼书架、摆台，或是停下脚步，拿起一本书细细品读，这时的我们不就是在期待一场"惊喜"或一个"意外的发现"吗？我们似乎期待遇到这样的书，它拍拍我们的肩膀，让平日里似是而非的事情恍然明澈，"原来是这样""这不就解决了"。唔，今天会不会有新的邂逅呢？每当思忖至此，我总会再次走进书店。

诗人长田弘在《走向自己的时间》一书中，曾这样描写过自己学生时代常去的一家旧书店。

"我去旧书店'听'书声——我伫立在悄无声息的书中间，站在这里，有缘的书就会主动来朝你搭话，'我在这里哟'。不是带着什么目的去找书，而是用心去倾听书的声音。如果一本书值得相交，它一定会主动来和我说话。用只有知音才能听得到的声音来悄悄和你说话，这就是书了。"

长田的学生时代，始于 20 世纪 50 年代中后期，到 60 年代初期结束。在那个时代，书拥有绝对的影响力和权威，与现在不可同日而语，而人们对书的信赖程度想必也非常高。如今媒体的存在方式和人们的生活环境都已发生了天翻地覆的变化，不能将现在和过去简单地比较。尽管如此，书与人的关系，以及书店的功能，并没有发生根本性的改变。不仅旧书店是这样，卖新书的书店也是这样。

"书主动地来向我们诉说。"一定是这样。

然而，最近这似乎变得困难起来。书的数量大幅增加，大型书店也随之遍地开花。这固然有好的一面，但也免不了让人感觉被淹没在书海中，压得人喘不过气来，产生疲惫之感。也许是"邂逅"太多的缘故吧。书的数量太多, 我真正想要的是什么书, 反而不得而知了。也许书还在拼命地诉说着, 但我们却无法像以前那样, 平心静气地听到所寻之书的声音了。

或许这也与图书从出版到回收的周期不断变短有关吧。除了部分畅销书、长销书以外, 书店里的书从上架到消失的时间越来越短, 我已经跟不上这周转的速度了。

时移世异, 有些事, 终究还是跟过去不一样了。过去的书店, 不曾以如此令人目眩的速度卖书吧? 好像那些不太畅销的书, 也一直留在架子上。虽然怎么都卖不出去, 但它是好书, 还是要卖的。摆在书架上的书, 就是店主无言的诉说。像这样的书店, 过去有很多。在那里, 我体验了从古至今、从内到外, 跨越时空触摸"知"的喜悦。

走进书店, 能感受到人们对"知"的热情, 作者对创作的执着, 以及把它们买回去的读者对"学问""认知"的好奇心和探求心, 这一切汇成汪洋大海, 似乎都可以透过一本书清晰可见。写书者也好, 做书者也好, 读书者也好, 我总会被这些人对书的热爱所折服, 每次去书店都深受感动。

我可以感到, 这乍看安安静静的店面, 其实是涌动着知识能量旋涡的, 让人异常兴奋的空间呢。

与书来一场对话。在书店里精挑细选, 我时而会惊讶于竟然有这样的书，暗自对店主的见识深感钦佩，打心底里感激这本书被放在这里。书架不停地向我讲述着，我的大脑好像被什么东西触动了，一阵兴奋的眩晕感袭来。

记忆中难以忘怀的书店，不就是这样一个充满刺激的地方吗？

那么，有没有更让人心跳加速的书店呢？只是凝视书架，心情就会飞扬起来，想象力无限膨胀，这样的书店是否存在呢？

闪闪发光的书架

有这样一位能自由操控图书的男人。

少则几十本，多则上万册，当他把这些书沿着一定的主题摆好之后，整个书架瞬间就变得耀眼起来。光是看着书架，就能让人兴奋不已，像是有火花在脑海中绽放开来，让人预感自己将要萌发出新的灵感，从而情不自禁地伸出手来，把书拿到手上，想要打开看看。只要是站在他摆放的书架前，恐怕大部分人都会被这种感觉俘虏吧。

幅允孝，四十四岁，选书师。对多数人而言，这个称呼大概还颇为陌生。听说过有些人被称为图书规划员，但和幅允孝使用同样职业称呼的人，几乎从未听过。据说，

"选书师"这个词能够一点点传播开来，正是从幅允孝身边人对他的称呼开始的。

所谓选书师，换言之，即"编辑书架的人"。不是"编辑图书"，而是"编辑书架"。

虽说如此，想必很多人都没见过他们如何工作，也想象不出他们是怎样工作的吧。

概言之，他们的工作就是把书摆上书架时，要有意识地加以"编辑"，通过对整个书架的布局与编排，让观者感知到某种信息或世界观。

这能算是工作吗？既不是书店员工，也并非自己拥有店铺，只是受人委托"编辑书架"而已。难怪有人对这到底算怎样的工作抱有疑问。

可以确定的是，委托幅允孝编辑书架的人络绎不绝，而且数量还在不断攀升。委托人的身份更是多种多样，其中虽然也有书店，但更多的委托却是来自书店以外。

要想成为选书师，只有图书方面的知识是无法胜任的，还要有从数量庞大到近乎无限的书海中，按照既定的主题，加以独立思考的理念进行选择的"选书能力"，排列替换的"编排能力"，以及通过整个书架展现书的"表现能力"。当然，还要求选书人有设计能力和对艺术的感悟力。这是到现在为止，似乎存在却又并不存在的工作。

人们对书的需求方式在改变

让我们大致列举一下幅允孝的委托对象吧。

咖啡书吧、家居装饰·家具店、模型店、机场和美术馆的纪念品商店、精品服装店、销售商品音乐·艺术·照片的精品店、酒店、补习学校、美发店、医院、银行的培训机构、银行办事大厅、体育用品店、大学生协[1]、品牌制造商研究所、IT 相关企业、百货商店、花店、旅游用品店、浴室用品店、有机产品专营店、经典风格时装店等。

最新的城市地标、商店、购物中心等建成时，很多进驻其中的书架或店铺都是幅允孝参与编排的，这也关系着这些设施、场所是否能够成为新闻焦点。

比如，六本木新城、东京中城、东京车站、羽田机场新航站楼、国立新美术馆、表参道东急广场等，都是近几年新建或重建，赋予了东京新形象的建筑。

---

[1] 大学生协是"大学生活协同组合"的简称。这个组织遍布日本所有大学校园，主要业务是从饮食（经营食堂）、生活（销售各种生活、学习及文娱用品）、旅游（代办各种旅游及交通服务）等方方面面，为大学师生及员工提供便捷、高效、经济实惠的服务。因大学规模不同，生协的规模也不尽相同，但所有的生协都具有商品品质安全和价格实惠的共同特点。按照规定缴纳相应费用即可加入大学生协，进而享受到相应的福利。

这些委托人的行业并没有共同点。可以肯定的是，图书正越来越多地出现在书店以外的空间。

"如果人们不愿再到书店来，就只有让书到有人的地方去。"幅允孝如是说。

看来，书开始被不以卖书为本业的、书店以外的人们强烈地需要着。

最近，在不经意间走过的店铺里，经常能见到看似随意摆放的书。把咖啡店和书店一体化的"咖啡书店"也早已司空见惯。可以说，在最近这十年里，存在于书店之外的书已经彻底得到了大众的认可。

"书卖不动""杂志停刊""又一家书店关门"，虽然诸如此类的书刊不景气的新闻被不断报道，然而"有书的风景"却在不知不觉中，已经来到了我们身边。这种看似矛盾的景象，如光影交错般在出版界出现。

这是为什么呢？在我们周围，书的魅力以及它所带来的效果被重新发现，人们开始注意到书的新用法（也许这样表达不太合适）。

书自古以来就是书。作为商品，它的应有之态从未改变。然而，人们对它的需求方式似乎已然改变。

在这样的时代，幅允孝出现在了我们面前。

做一本美丽的大书 | 吕敬人

选书师，我还是第一次听到这个称谓，尽管已从事做书工作 40 多年。中国有句老话：万事有专攻，行行出状元。有幸读了《听！书的声音》，有感于幅允孝先生专注"制造书与人相遇"和"有书的风景"的研究和实践，成就斐然并独树一帜。钦佩之余，犹感"选书师"这个职业的重要和这方面人才的稀缺。

因为做书籍设计的工作，我喜欢逛书店，实实在在地享受与书相会的喜悦，这与网上购书的体验完全不同。中国有不少值得去的书店。北京爱去的有库布里克书店、大悦城新开的 READWAY 书店、SKP 商场里的 RENDEZ-VOUS 书店，书的选择和展陈都各有想法，还有最近广受年轻人青睐的北京多抓鱼 déjà vu 二手书店也有特色；欣赏安藤忠雄设计的上海爱琴海"光的空间"新华书店，喜欢新落成的由教堂改造的上海思南书局的空间布局，还有上海衡山和集书店的情调；感慨综合性书店如苏州诚品，广州、成都的方所书店，南京先锋书店的永葆活力；富有个性的北戴河孤独图书馆，海南岛三亚海上书房，独树一帜，别无分家；欣慰上海 abc 艺术书籍大卖场和香蕉鱼书店为年轻爱书人开辟了购书的新天地；台北 LV 路易·威登书店与台北旧香居书店是我两个极致的钟爱。

我凡出行海外时，必游当地书店。纽约 PRINT MATTERS 艺术书店不能不去，英国威尔士 Hay-on-Wye 汇集 30 多家旧书店的小镇值得住上几天，巴黎莎士比亚旧书店在我心目中是犹如神一般的存在；我要点赞首尔三角书店 The Book Society 的小而精，还有新开的釜山 ETERNAL JOURNEY 书店，其书架开合有致；京都惠文社是做书学子们爱去的书店，东京神保町旧书街是淘书者的乐园，惠比寿 NADiff A/P/A/R/T 书店虽然"淹没"在居民区里，但酒香不怕巷子深。

茑屋已成为日本书店文化进入新时代的符号，这些年发展很快。茑屋六本木书店2009年首创咖啡与书联姻，获得很高的关注；2012年，我正巧赶上茑屋代官山书店开张仪式，该书店专为城市知识人服务，环境优雅、舒适，耗上一天也不腻；茑屋·电器书店，书与生活用品的同体展陈销售，亲民又接地气；茑屋银座书店，独特的地理位置，为四方游客提供了解日本文化的场所。近来茑屋在不少地铁口开设了分店，每个店定位不同，精彩纷呈，各有千秋。

我被以上书店所吸引，除了专业的偏爱外，很重要的原因是书店人（选书师）的"编辑设计"。在这里，书品与环境共同演绎出一幕幕生动的"戏剧"，吸引我驻足良久，而不仅仅是因为书店建筑本身的新与旧，古朴与时尚，或大与小。

幅允孝先生以他近20年的经验和思考，总结出许多宝贵的选书或"经营书架"的理念，形成他独到的"BACH式选书风格"。其中"BACH团队编排书架的流程"，让我收益颇丰，在此我先摘录书中幅允孝先生的几段话，以解其作为选书师的初衷：

"如果人们不愿再到书店来，就只有让书到有人的地方去。

"了解有可能成为读者的人，弄清楚书架设置场所的背景和特性。

"要创造让他们反应过来的时候已经在看书了的'环境和氛围',去寻找属于自己的'传达方式'。

"书店不是书的仓库,而是吸引读者来找对象的婚恋介绍所。"

显然,选书师要"制造书与人相遇的机会",但在数码载体越来越成为人们阅读生活的重要组成部分,以及线上交易风靡的当下,实体书店正在经历前所未有的优胜劣汰的局面,这已成当今的书业常态。人们甚至质疑传统的书籍阅读行为还有没有生存的必要,判断书店业已是黄昏产业。我很难预测未来,但仍相信读书生活不会轻易消失,"书店仍然是城市的一盏明灯"(董桥语)。关键是拿出怎样的好书呈现在读者的面前,展现怎样的书店风景打动读者,这正是幅允孝先生在这本书里想要阐述的话题。

他认为书存在的形态,以不同的方式编排,会呈现出完全不同的"面貌"和"表情"。他分析构成一本书的要素与内容,考虑要赋予它什么样的形象,把它摆放在怎样的时空里,顾客才可以舒适便利地看到,从而随心所欲地拿到桌子上阅读。他颠覆了以往的传统分类模式,独出心裁地布局,重构书的分类、标题,从内容细节出发构想出提示性关键词。为某些特定书店设定多种多样的主题时,将严肃和流行融为一体，寻找书与书之间存在着的"游戏"与"落差"，乃至于混搭至"飞跃"，用这样新鲜的理念去编辑新式书架，由此给读者带来情绪上的振幅和出其不意的情感刺激。他喜称自己是与著名编辑家松冈正刚"正统派"不同的"优学派"。

比如，他成功将建筑与物、物与书联系起来，设计了在"漫画格子"中展现"世界观"的东京表参道 Tokyo's Tokyo "编辑型"店铺；用"落差设计"法，将"所有物品都等价地连接在一起"的国立美术馆礼品店 SOUVENIR FROM TOKYO，通过出众的编排能力，在书架与观者之间联结出一道奇特的风景；还有想表现都市精致生活，以"都市冒险家"为主题的 CIBONE 青山店，将书（虚拟世界）与物（商品世界）进行奇妙搭配，使之瞬间扩展了时空，达到了 1+1 ＞ 2 的效果……生动的案例在书中不胜枚举，幅允孝通过出色的书架编排能力，为各家店铺带来了丰厚的收益。许多重要的书店经营者、文化企业、教育院校、商家企业都慕名而来，使他的 BACH 团队活源滚滚，客户盈门。

"选书师"哪来这份底气？书中自有答案。来自幅允孝先生每月 20～50 本书的阅读习惯，一年不低于 300 本书的阅读量，累积起大量又广泛的信息；不排斥新鲜事物的好奇心，极强的理解力，及优秀的审美标准；还有图书馆学、编辑学、信息设计学的修为，这使他能担当起传播书卷文化和情操的书业人。他想打造出美而健康的书架，让顾客在书架前停留的时间长一些，"通过在同一时空里的共同体验，感受书本的魅力和词句的力量"，让人们因书结缘，也获得前所未有的发现。

面对不同书店的特点、需求，他重视与潜在读者直接对话的"采访"过程。针对受众年龄、职业、性别、阶层、趣味等画出纵向与横向关系图，设定一个虚拟的目标客户。编排书架时提醒自己冷静，与自己的主观喜好保持一定距离。与挑选的一箱箱、一本本书耐心对话——门类、属性，传统、时尚、实用、流行，在此基础上再做分类、比较、编排，找到关联性。在深思熟虑的基础上，循序渐进地构建他的书架"编辑设计"系统：上层下层、封面朝向、显露书脊、左顾右盼、呼应联想、视觉优先、感受快慢、埋伏惊喜、来龙去脉、邂逅意外、诗意的触摸……给读者传递出准确的情感信号，为书重搭一个表现自己的舞台。当读者看到想要的东西，还要带给他未知的"积极受挫"的意外惊喜。他认为书店是发生"幸福事故"的场所，书架编辑的工作就是寻找书与人、书和书的连接点。

我的老师，日本著名设计家杉浦康平说："书籍设计的本质是要体现两个个性：一是作者的个性，一是读者的个性。设计即是在二者之间架起一座可以相互沟通的桥梁。"书架编排何尝不是如此。"书是主角，但是在编排的过程中，（选书师）也属于创作者。"幅允孝如是说，我非常认同。

面对当今数字技术的快速发展，信息传播越来越虚拟化，人们注重外表，忽略内在的价值，书店建筑也越来越巨大且华丽，当然这无可非议。但书与人的关系，精神和物化的关系往往会被轻视。幅允孝先生特别提到纸书最能让人有身体的感觉，他说："纸质书是能展现微妙差异的介质，凭借指尖的感觉会产生不由自主的记忆。"书中还特意引用了杉浦老师对纸书特质的论述："像纸这样隐藏着热情力量的材料，与书籍作者的热量结合在一起，造就了被称为书的'物体'的力量。它不仅刺激我们的视觉，还能唤醒我们的手指、手腕等身体的感觉。'阅读'这一行为不只是通过视觉和头脑来进行的。"正如书中所言，书有着深不可测的潜在力量。

它具有五感：视，书的身影；听，书的声音；触，书的肌肤；闻，书的气息；尝，书的品位。无论轻重厚薄，精装或平装，孤本还是畅销书，只要有缘与读者相遇、相知、相爱，它就是有生命的。翻书的体验如同欣赏戏剧，书并不平面，它具有多重性、互动性和时间性，是跨越时空的信息活体群，即通过近距离翻阅，逐层递进或反转重复，读者在与书的接触中，感受书所赋予的真实与情感。人在书架间行走就如同在层层叠叠的字里行间浏览，时时感受着它的温度与真诚。编辑书架就是寻找书与人的这种亲近感，促成书与人幸福邂逅的机会，从而催生出下一步的可能性。

我时常翻阅《查令十字街 84 号》，一本美国女作家海莲和英国一家旧书店职员弗兰克之间的书信集，是一个阐述爱书人之间由书结缘的故事。信中提及文集、辞书、诗集、初版本、限定本、烫金本、自然的印度纸、柔软的羊皮封面、镶金边的书口、前位书主在书页中留下的读书笔记……这本书让我走入了令人神往、浮想联翩的美妙书境。"书的魅力在于它的物质性"，博尔赫斯的话实在经典。

作为书籍设计师，我并不满足于为书做外在的装帧打扮，书籍设计是呈现信息并使其得以完美传播的场所，书籍设计者要学会像导演那样把握阅读的时间、空间、节奏、语言。书之五感的编辑手法，让信息游走迂回于页面之中，起承转合，峰回路转，这是一个引导读者进入信息建筑的过程。

我想幅允孝先生的选书师工作与书籍设计师、编辑、策展人、建筑师、导演有着相通的经历，相信他在以上任何一种行业中都会展示出相对应的统筹编辑能力和异彩纷呈的创意来。

这是本话题新鲜而别开生面，叙事丰富且趣味盎然的书。笔者高濑毅先生的文字平实亲切，翔实易懂。其中既有丰富的实践经验之谈，又潜藏着许多未曾想到的令人耳目一新的理念，也提醒书店经营者，"规模＋时尚＋咖啡"的单一模式未必是成功的必然。面对当代读者的口味，书店经营者要有打破惯性思维的新诉求，着力提升书店的主体特色和书架编排的异他性，与商业效益相对应，构造人与书宜于亲近的书店新业态，讲出一个个好听好看的书店故事。

我觉得阅读此书，对所有书籍职场人及相关人士，乃至爱书人，都会有诸多启发和裨益。

选书师，一项了不起的工作。构筑出时空观，传递出价值观、信息观，是将书籍内容结构分析与编辑设计理念落地的过程。与书籍设计师一样，他也是在做一本美丽的大书，为阅读创造千姿百态的可能性。看，图文的风景；听，书页的声音；闻，嗅出温柔而甜美的书香。

一书，一生命。

中国选书师的探索之路

|储海飞

今日的书籍，也许正处在最好的时代，阅读的普及化和图书保有量都达到了历史最高点。近几年大型商业书店、连锁书店和公共图书馆也为阅读文化的建设做出了巨大贡献，各个出版机构每年出版成千上万种书籍，丰富且多元，读者可各取所需。书已成为人们生活中必不可少的精神补充。

但随着生活方式的改变，我们去实体书店的机会与时间越来越少了。若只是购书，线上购买便捷且便宜；如果想亲自去趟书店，那得确保有充足的时间可以支配。在经济快速发展的当今社会，我们已经很难有心情，仅为寻找一本钟情的书而专门跑去书店了。

但即使在这样的形势之下，我还是凭着一腔热血，创办了自己的书店。

这家店不同于普通书店，而是以买手式的选书方式经营新书、古旧书、限量画册，以预约的形式一对一地与来访读者交流。买手式的好处就在于，书店里的所有书籍都成为我的表达，吸引到的也是类似的读者，他们不只是对书籍感兴趣，也对我所传递的理念感兴趣。可以说，读者和我是同道中人。

之后有更多人互相推荐来到我的书店，并且开始有经营餐厅和咖啡馆的人前来，拜托我帮其挑选书籍。他们意识到书籍不仅只作为装饰存在，也能让客人在店内逗留的时间更久。对我来说，我也希望我们生活的角角落落都有书，家里有，出去喝杯咖啡时也有它相伴。所以，我不仅会给对方挑选合适的书籍，还会亲自去陈列。

我对书籍真的有股说不上来的热爱之情，一旦开启工作状态，就好似立刻与周围形成一个"结界"，时空里只有我与书。每一本书应该放在什么地方，以什么样的角度呈现，我都会想个明白，即使忙碌一整天也不会感到疲惫。我想，这也许跟做一个雕塑、打磨一件器物、创作一幅画一样，不是无意义的体力劳动，而是专注的、艺术的、有情感的工作。

2017年，我收到了来自北京无印良品酒店的委托，正式以选书师的身份，为其打造藏书数万册的书店。

在项目启动后，我对企业和当地环境进行了长时间的调研，发现酒店附近已经有藏书量相当大的综合书城，几乎涵盖了所有图书品类。因此，我决定避开传统书店的做法，不追求图书种类的齐全，而是聚焦"无印良品"本身，提出 life library 的概念。我希望打造的不仅仅是一个图书馆，而是能感受地方文化和生活灵感的阅读空间。因此，我为图书做了区别于传统书架编排的分类，比如"生活的智慧"和"生活的趣味"等。考虑到当地文化，还增设了特别的书架专题，如"北京的过去与现在""城市与街区"。

书店开业后，受到许多民众的喜爱，也成为很多人的逗留专区。第一个月的营业额就远超预期。

有了这个成功的案例后，我又陆续收到一些选书委托，所以，正式创办了属于自己的选书机构——本册选书，开始了选书师的职业生涯。至今已经为学校、书店、酒店、餐厅、家居店、建筑空间、游乐园等场所提供了服务。在这个过程中，我越来越感到，人们对于书籍的渴望是无时无刻的，我们应该创造更多有意思的阅读空间，而不仅只局限于书店、图书馆等地。所以，怎么去拓宽阅读空间，也成为我思考的一部分。

选书师是一个新兴的职业，有着巨大的行业前景，也是对图书心存热爱的人可以选择的职业方向。从某种意义来说，也是编辑。图书编辑侧重的是文本，而选书师编辑的则是整个空间，各种各样的书就是我们所使用的文字，通过书籍的组合、排布，把生活和阅读的理念传递出去。

经过这几年的实践，我意识到，选书师的工作不是一个人的单打独斗，也不是拥有书籍的专业知识就足够，除了挑选、摆放书籍，书架如何规划，怎样呈现一本书，与阅读有关的家具选择，甚至是灯光氛围营造，都是选书师需要协调的工作。把一本本书从书海中挑选出来，仅仅是第一步，之后的工作才是重点。你要知道这本书和其他书之间的联系，最适合编排的位置，以及如何通过书籍的排布，把一个虚幻的概念表达出来，传递出去。

但这就是选书师工作的终点吗？

答案是否定的。2019年，我开展了一次全新的实践。在苏州市的"双塔市集"菜市场门前，策划创建了占地仅十五平方米的"九分之一书店"，并且提出了"编辑地方"的概念。简单来说，就是让书籍从封闭的空间中走出去，将整个街区都变成阅读场所。在菜市场、果汁铺、面包店、咖啡馆等这些具有生活气息的地方都陈列上精心挑选的书籍，同时也设计一些书籍的周边产品。

因为，书店不应是一个封闭的地方。作为一名选书师，如果只将眼光局限在书店内，那是没有未来的。我想以此为原点，让书籍从这里生发出去，把一整个街区都调动起来。希望普通人在走入这个街区，逛进这些店铺后，感受到邂逅书籍的喜悦，从而对这个街区产生新的感觉。让书籍和街区产生你中有我，我中有你的联系，最终融入阅读生活。

现在，常常看到社区里的孩子跑进书店翻书，而后又钻进热闹的菜市场跟着母亲挑选新鲜食材。咖啡馆和果汁铺里的人开心交谈之余，也在随手翻阅报刊。所以，这个尝试成效初显，后续的实践还在进行中。

书店开业的时候我们策划了一次"可以吃的书"的展览，虽说书无法真的被吃下去，但还是有天真的孩子看到书封上的美味后，抱起来就一顿啃。展览灵感来源于日本石川啄木先生写下的诗论《可以吃的诗》。石川先生摆脱了旧例的束缚，将原本看起来高高在上的诗歌拉下神坛，主张诗歌应当是被自由吟唱出来的生活之歌，是生活的必要。我也希望打破主流书店文化，将阅读重新带回具有烟火气息的生活日常，让读书这件事不再高高在上。

阅读幅允孝先生的《听！书的声音》，受益良多。中国和日本的图书市场有很多不同之处，中国复杂多元的文化与市场环境无法照搬日本模式，但幅先生的成功经验为中国图书行业的人提供了一份极有价值的参考。

我坚信，未来诞生在中国土地上的选书师，将会用自己的思考方式，探索出全新的书之未来。

特别篇

幅允孝选书工作的最新案例

文：幅允孝

中之岛童书森林

2020 年 3 月 1 日开馆的"中之岛童书森林"图书馆，是建筑大师安藤忠雄设计并主持建造的。这座他自筹资金，还投入了个人财产的呕心沥血之作，在建成后无偿捐赠给了大阪府。

在这个项目中，我不仅负责选书，也参与文案撰写、美术设计、市场营销、广告宣传、家具选定等工作。这种需要跟形形色色工作立场不同的人打交道，在完成书架和空间设计以后，还要长期参与市场运营的工作，我还从来没体验过。因此，在工作过程中每天都有新的发现。这个项目真是把我迄今为止积累的能量全部都释放出来了。

安藤忠雄建造这座图书馆的原动力，是强烈地希望孩子们通过读书，掌握"生存能力"和"思考能力"。要反映出这个愿望，我觉得重点在于，将中之岛童书森林打造成为一个"快乐的书柜"，引导孩子们用纯真的目光和直观的感受自然而然地与书相遇。并且，让绘本和故事文化成为一块世代传承的"神圣之地"，铭记在孩子们的心里。

我在选书时特别注意的是"不把孩子当作孩子看"。

　　这个想法来源于我和儿子之间的一段相处经历，当时他还只有 2 岁。有一天，我们正在一起看亨利·马蒂斯（Henri Matisse）的艺术作品集 *JAZZ*。当时，他刚记住"红"这种颜色，于是每当我们翻动书页时，他就会开心地用手指着书上的红颜色说："红！红！"

　　过了一会儿，可能是被作品生动的色彩排列所吸引，儿子拿出文具箱里的蜡笔，在书上画了起来。这本书价格不菲也好，马蒂斯的作品价值数亿日元也好，这种成人世界里的思维定式，儿子全然没有，只是因为内心受到触动，所以跟着行动了起来。这让我感到了一种随心所欲和生机勃勃的力量。

　　其实，人在不断成长的过程中，会随着知识的积累和对环境的思考判断来约束自己的行为。儿子长大以后，再也不会往书上乱画了。也就是说，人能够以一颗纯粹之心与书相处的时间其实是很短暂的。在这个时期，即便是面向家长，也要多介绍些"高纯度无杂质的书"，我觉得这一点非常重要，于是向安藤和其他参与项目的人提了这样的建议。

　　纸质书是一种提供"单人体验"的娱乐方式。而现在，全世界的娱乐手段都在朝着共享的方向发展，如大家聚在网上一起玩游戏，看网络视频时也喜欢瞅瞅他人的感想评论。而看书时则与之完全相反，它是一种自发的行为，只属于阅读者自己，完全不能和他人共享。

话虽如此，但其实读书中却包含着共享文化。例如，时下流行的绘本朗读这种形式，就催生出很多畅销书。当然了，让孩子们以这种形式与绘本相遇也很重要。不过，读书的喜悦，则要从更进一步的儿童文学才能开始，而能顺利跨越绘本与儿童文学这座"桥"的孩子似乎很少。

在绘本之后，还有一类读物是儿童童话。代表作品有《小熊沃夫》（神泽利子）、《不不园》（文：中川李枝子，绘：大村百合子）等。这些童话作品里面插画很少，所以像翻看绘本那样去读的话，是看不懂故事情节的。孩子们必须自己去阅读书中的文字，才能理解故事内容。因此，孩子们在阅读的过程中，不知不觉就能感觉到主人公在他们头脑中活了起来。这样的理解能力，自己不努力是得不到的。我希望孩子们从小就牢牢掌握它。

有了这样的理解能力，他们就能切实感受到自己自由掌控的世界在不断扩大。这种能力将在他们今后的人生中，影响到文字阅读的持久力和耐性。安藤和我都相信，一个人的"生存能力"和"思考能力"会越磨炼越强，它们是能够让我们的心灵和人生变得更加充实的力量。

中之岛童书森林就像一部作品，它能够点燃从婴幼儿到高中生所有年龄段孩子，以及家长们的好奇心，带给他们深度的启发……在这里，绘本、童话、儿童文学、小说、图鉴、自然科学、艺术等各种图书布满了三层楼高的书架墙。

在图书的摆放上，我们考虑到孩子们的移动路线，在二楼的入口附近设置了"和大自然玩耍吧"的图书主题。当孩子们从室外广场进到室内的过程中，会接触到一些植物、树木、天空颜色等，从室外看到的自然环境，过渡到室内的物理、化学等微观视角的图书，这会唤起他们的兴趣。随后，我们还安排了主题为"给喜欢动物的人""让身体动起来"等富于动感的图书。

三楼和一楼摆放的是需要安静阅读的书。三楼的主题为"漂亮的物件""每天""吃""大阪→日本→世界"等，主要放置了能够让人们的视点从身边的日常生活扩展出去的书。

一楼选放的图书都围绕着能够引发读者深入思考的主题，包括"未来会怎么样""故事和语言""思考未来""生与死""给孩子身边的人"等。

无论对于哪一个主题，我们都很注意图书的展示方式，按照大主题、中主题和卖场广告（POP）三种形式来展开呈现。另外，我们还会摘录书中的格言警句，把它们展示出来，这也会成为读者拿起一本书的契机吧。

举例来说，"思考未来"是一个大主题。这里的中主题，我们设定为"金钱""工作""英雄·女杰"等，并且挑选出一些代表性的书，附上卖场广告（POP）。从书中摘录的格言警句，也会设计成在空间中更加醒目的效果。

在如同艺术空间一般的休息室里，还有提升图书吸引力的互动投影。这是由顶级创作公司 Rhizomatiks 参与设计的。我和他们一起用剪影画的方式，展现了绘本《小鸡在这儿》（文：风木一人，绘：高岛彻）的世界观。

这座图书馆的 LOGO 是由艺术指导尾原史和设计创作的，原创周边商品则由负责市场营销的山田游等参与制作。今后，中之岛童书森林的世界一定会不断扩大的。

希望在这里与新书相遇的孩子们，将获得抓住未来幸福的能力，在他们各自的人生中不断成长……这个过程从一本书开始，将超越时代，延续下去。

神户市立神户眼科中心的书架

最近，要在医院里设置图书阅读区的呼声越来越高。其实，很久以前，我们就开始为医疗机构选书并量身设计图书室了。例如脑卒中康复医院的图书空间（千里康复医院）、住院式精神内科痴呆症患者的图书室（佐贺市SAYANOMOTO诊所），以及综合医院临终关怀病房的图书角（熊本市樱花医院）等。

日本的医院虽然以前也会在等候区放些周刊杂志、漫画图书等供患者阅读，但这些刊物与其说是为了贴近患者，不如说是消磨时间的工具。没有人会在意它们的内容，只是作为消遣随意地放在那里罢了。

然而，今天的医院不仅要提供尖端的医疗服务，还要重视患者在医院里过得是否充实、舒适。于是，大家才开始精挑细选一些书，让它们起到吸引患者的作用。

2017年底竣工的"神户市立神户眼科中心"是一所拥有顶级技术的眼科综合医院。理事长高桥政代的团队成功完成了视网膜色素上皮细胞层移植手术，在全世界首次将iPS细胞应用于临床治疗，对再生医疗发展贡献巨大，因而广为人知。

这家医院的最大特色还在于他们的理念 —— 医疗的进步不仅仅等同于技术的进步。他们致力于创建能够帮助眼疾病人尽可能无障碍地融入正常社会生活的医疗环境。为此，他们把改变社会现有的规则和意识作为"新型医疗"的应有之态，尝试把神户眼科中心建成集再生医疗研究、顶尖眼科治疗、康复训练、重返社会支持于一体的综合设施，这样的尝试在世界范围内尚属首例。

我们设计的图书室，就在神户眼科中心进门后不远的地方。这个被称作"视觉公园"的空间，乍看完全不像医院入口的休息室。这里有蜿蜒曲折的通道，地面高低错落，还有齐备的烹饪器具，里面的墙壁设计成了攀岩墙的样式（墙上的石头可以发光，弱视者也可以攀登！）。

这里不仅仅是一个图书室，更是由各种元素组合而成的可以让人"收获启迪的地方"。它还是一个"援助空间"，目的是帮助那些因视觉功能受损而行动不便的人重拾对生活的希望，实现自我挑战与成长。现在，日本国内很多场所已经有了无障碍设施。然而遗憾的是，让全世界的公共场所都实现无障碍化还并不现实。因此，这个"视觉公园"并没有为视力残障者安装必要的把手，而是用家具上的凹槽来替代。通过诸如此类的设计，力求在充分保证患者安全的前提下，让他们体验外界环境的危险，并让他们和正常人共同分享这份体验。同时，大家还可以在这儿读书，品尝美食，做运动，或者聊天，就像在公园一样随心所欲地享受自己的时光。

这样一个设在"视觉公园"里的图书室，也为经手设计了许多医院图书室的我们，带来了不少新体验。

接手这样的项目，首先要在网上调查视力残障者对书的感受，然后买来相关的基本书籍，深入阅读。老实说，即便完成了这些准备工作，在这个阶段我们还是不清楚应该选择什么样的书。因此，我们一直非常重视与读者直接对话，通过面对面采访来了解他们的需求。对于神户眼科中心这个项目，我们也像往常一样准备了几十本书，然后直奔神户与患者面对面地沟通。顺便说一句，我们的采访是绝不做问卷调查的，严禁"你喜欢的作家是谁"这样的提问。因为一旦有人回答"我特别喜欢本土作家村上春树"，我们就不得不搜罗来村上春树的所有作品。总之，我们的采访不是去寻求"回答"，而是带上种类尽可能丰富的书，向可能成为读者的人讲解书的内容，重在询问他们对书的"感想"，并把这些"感想"作为构思的基础，推进选书工作。

在与患者面对面采访过程中，我有了重大发现：全盲患者和弱视者所需要的书是完全不同的。

近年来，随着语音图书应用软件的发展，可供全盲患者阅读的书籍有很多。从夏目漱石、宫泽贤治、村上春树到东野圭吾，几乎各个时代的文学作品都可以通过有声的方式来"听读"。但是，全盲患者普遍反映，由于声音应用软件（可以联想苹果手机的 Siri）是机器发声，听上去多少会有冰冷感，且不流畅。而由真人朗读的文本则声音亲切，没有压迫感，更易于收听。于是，我们尽量多地收集了真人朗读的作品。另外，即使是同一个作家的同一部作品，也会因为男性朗读、女性朗读、孩子朗读，或者长辈以意味深长的口吻朗读而产生不同的效果，对此，我们也想方设法地结合听者的感受来选择合适的朗读者。

由于语音应用软件日益发达，据说年青一代的全盲患者已经不学盲文了。盲文曾经是他们解读文本唯一的手段，现在即使不学，日常生活也基本上没问题了。不过，年长的全盲患者却认为，对于那些没有语音化的旧文本，或者没有电源的紧急时刻，盲文仍是最有效的阅读手段，盲文文化今后也需要延续。基于这样的意见，我们也收集了《古利和古拉》《哆啦 A 梦》等脍炙人口的国民故事的盲文版本。据说，如果用有声教材配合盲文教材一起学，那么越是自己熟知的故事，就越能达到事半功倍的效果。

在为全盲患者挑选盲文以外的读本时，我们也费尽了心思。由偕成社出版的"带盲文的触摸绘本"系列，在图画部分做了"起鼓印刷"的加工处理。1979年《这是什么呀？》系列丛书（吉尼亚·艾伦·詹森、多卡斯·伍德伯里·哈勒）在丹麦发行之后，也在日本得以出版。它在四色印刷的基础上，又进行了丝网印刷，使图画和插图部分形成了凹凸的效果。

进行"起鼓印刷"后，为了避免损坏图画的凹凸部分，就不能用惯常的方法裁切了。如果像通常那样把书摞在一起，一次性加压裁切，毫无疑问会压坏立体部分。为此，就需要采用高成本的环装订法，或者无须裁剪的蛇腹装订法，或者干脆一本一本地仔细裁剪，无论哪一种方法，都要花费很多工夫。我们认为，这样精工细作的图书，才是我们必须收集的重点。

还有一类书也颇受全盲患者欢迎，那就是能从书页中散发出香味的，使用香料印刷的书。很早以前，日本就将香料印刷法应用于儿童读物、杂志附录等地方了。那些一摩擦就能闻到草莓香味的卡片或百合花香味的书签，很多人小时候都玩儿过。所谓香料印刷，就是把放入香料精油的微型胶囊混入水溶性墨水中，在预先胶印好的图案上再加一层丝网印刷。用手指擦一擦香料印刷的地方，胶囊就会破裂，里面的香料精油便散发出香气。我在采访全盲患者的时候，曾经为他们朗读过一部香料印刷的绘本，叫作《朋友咖喱》。当时的经历我至今记忆犹新。

这部由木村裕一创作，江川智穗制作插图的绘本，讲述的是一只孤独的兔子通过制作咖喱，与森林里的动物成为朋友的故事。绘本以左右对页的形式，展现了平时畏首畏尾的兔子总算在森林里动物们的帮助下，做出了一大锅美味咖喱的情景。我轻轻擦了擦书页上的咖喱图案，空气中顿时弥漫起咖喱的香味，太神奇了。而且，那似乎不是辛辣味的咖喱，而是做给孩子吃的微甜口味呢。

全盲患者虽然眼睛看不见，但其他感觉器官却非常灵敏。在朗读的过程中，他们都竖起了耳朵认真倾听，专注于朗读者的语音语调，似乎连细微的语气变化也不愿意放过。当全神贯注于听觉的他们突然闻到咖喱的香味，会做何反应呢？"这是什么呀！"他们发出了惊叹，随即在朗读结束后热烈地讨论了起来。"那个味儿像是佛蒙特咖喱，有苹果和蜂蜜的香味呢！""不对，不对，应该是库克雷咖喱吧。"虽然绘本的故事本身比较传统，但是因为有嗅觉的刺激，却收到了意外的效果。自此以后，使用香料印刷的绘本作品也成了我们一个重要的收集主题。

在为全盲患者选的书中，给我启发最大的一本，就是三宫麻由子的绘本《电车在唱歌》。它讲述的是一列电车从这个车站出发，到达下个车站的非常简单的故事。但是，这本书全部使用象声词来描绘电车的行进，表现方式非常独特。

"发车喽……"在电车员发出广播后，"哐，哐啷哐，哐啷哐哐，哐啷哐哐，哒哒，呲呲呲呲，哒哒，呲呲呲呲，咚咚，哒哒，呲呲呲呲，哒哒，呲呲呲呲，咚咚"，一连串象声词传入耳畔，详细描绘着飞驰在铁路上的电车发出的声音。随后，"当，当，当，当，哐啷哐啷哐啷……"电车经过道口，"呜隆隆，隆隆，噔噔，嗵嗵，嗵嗵，嗵嗵……"电车跨过铁桥，到达下一站。所有的声音都用象声词表现，而且，声音的大小也通过不断变换的字体大小，传递给了读者。当朗读者读起绘本时，我不禁为如此传神、精准的声音表现赞叹不已。后来得知，绘本的作者三宫女士正是一位全盲患者，我再次深感惊讶。

如果让视力正常的人用象声词形容电车的声音，通常会习惯用"咕咚咕咚"这样的词语吧。在中国又是怎样表达呢？然而，眼睛看不见的三宫女士乘坐电车时，会仔细留意听到的声音，把它们划分成细小的音节，再用日语平假名一一对应出来。说实话，这种"绝技"是我这样的"健全者"无法完成的。

　　不可否认，在发现这本书之前，我工作的视角更多地放在了"看得见的人"为"看不见的人"选书上。这个图书室是"健全人"为"残障人"提供服务而存在的。然而，发现这本书之后，我意识到事情并非如此。对于这些用象声词写成的书，或者适合朗读的书，看不见的残障人或许比我们这些"看得见的人"更懂得品味其中的精妙吧。此后，除了多用象声词的适合朗读的绘本以外，诗、短歌、俳句类书籍也成了我们选书的重点。而且，最重要的是，我们开始学会怀着一颗崇敬之心为视力残障者选书，这真是一个巨大的收获！

　　最后，说说如何给弱视者选书吧。用一句话简单来概括，就是要为他们寻找视觉和记忆的交叉点。

　　视力从看得见到逐渐下降的弱视患者以年长者居多。不出所料，我们很快发现，比起阅读文字类图书，他们更喜欢看以照片为主的视觉读本。

　　说到照片，那么是彩色的好，还是黑白的好呢？答案无疑是彩色的。给弱视患者们看黑白写真集的话，"也只能当是看（电视节目开始之前）荧光屏上的颗粒"，大家异口同声地说。通过几次采访，我们还发现，在彩色照片中，比起色调柔和、焦点模糊的柔光写真集，他们更适合看色彩对比鲜明的写真作品。

在各种高对比度的高清写真集中，筱山纪信的《偶像》是他们最喜欢的一本。

筱山先生是日本最具代表性的摄影家之一，他使用对比度较强的彩色照片拍摄技法，创作过好几本作品集。其中这本《偶像》，是从20世纪70年代到2000年，各个时代的歌手、演员、运动员等标志性人物的肖像集。我们的几位受访者看到这本书时都会目不转睛。

比如，写真集的最开始就是女演员山口百惠。一位50多岁的男性患者把脸贴近照片，仔仔细细地端详着。说到山口百惠，据说日本50岁以上的男性无不被她的魅力深深折服。虽然她在70年代风靡一时后，很快就引退了，但这位患者在年轻时可是不折不扣的山口百惠迷，偶像走到哪里，他就跟到哪里。如今，他用这双视力不断减退的眼睛凝视着书页，似乎想再好好欣赏一下当年迷恋过的偶像。我告诉他："那上面的百惠，可穿着泳衣哦。""真的吗？！"他一脸认真地说，又继续凝视了好一会儿。

除此之外，还有被男性偶像的照片深深吸引的太太们，以及一边怀念过去，一边连续翻看20多分钟也放不下的人。采访在和谐的气氛中顺利推进。我意识到，比起色彩对比鲜明等摄影技法，更重要的是照片中的拍摄对象。也就是说，在为弱视者选书时，要重点考虑的不是他们"能看到什么", 而是他们"想看什么"。

此后, 我开始探寻那些深深扎根于弱视患者心中的东西是什么。经常在附近的甲子园球场看球的阪神老虎队（日本职业棒球队）球迷说, 他想再看一次1985年阪神老虎队夺冠的瞬间。还有的人说, 想再看一次1995年阪神淡路大地震之前的神户街道。神户是个港口城市, 于是我还向喜欢船舶的人推荐了停靠在神户港的历代豪华游艇的照片。

就这样, 我们一边在自己想推荐的书和神户人的经历中寻找着历史的交叉点, 一边一册一册地为"神户眼科中心"的图书室筛选图书。

在文章的开头, 我就说过, 面向医院的选书项目正在增加。随着医院的项目不断细分, 为选书进行的采访, 以及尊重所有患者的需求, 保持向他们学习的态度, 也变得越来越重要。

这次的图书室项目可以说是我们与眼疾患者的一次聚会。如果图书室是设在其他地域的眼科医院, 那么我们需要的书也会有所变化。

就这样, 按照每一个项目的具体情况, 贴近每一位患者的病情, 谨慎、认真地选书, 便是选书师要完成的重要工作。

日本屋

　　"日本屋项目"旨在向国外传播日本文化，由日本外务省负责推行。项目于 2017 年从巴西圣保罗开始启动，继而发展到伦敦、洛杉矶，在这三座国际大都市中建造了名为"日本屋"的文化综合空间，由日本设计中心的原研哉担任总负责人。

　　整个场馆内有画廊、剧场、商店、餐厅、咖啡厅等，从各个角度对包括高雅文化和亚文化在内的日本文化进行介绍。这三个城市的"日本屋"都设有图书室，我们 BACH 公司承担了选书及设计指导的工作。

　　这三座介绍日本文化背景及脉络的综合空间，面向的并不是热衷于日本文化的粉丝群体，而是那些对日本一知半解的大多数人，要向他们细致周到地解说日本文化的来龙去脉。

　　因此，在选书时就需要全面而均衡，确保从入门级的基础图书到应用级的图书题材，应有尽有，让那些从零开始认知日本的人易于读懂。

　　原研哉给我们的信息中，有这样一句话，"想要给予观者安静而深刻的冲击"。

因此，这就要求我们不仅要介绍动漫、偶像文化等在海外广为人知，动感十足的日本亚文化脉络，还要充分介绍那些看似朴素，却有无限深度的静态日本文化，包括起源于神社供品的食文化，名不见经传的民间手工艺，以及茶道精神等。

圣保罗日本屋

"日本屋项目"的起点是位于巴西圣保罗帕里斯塔大街的"圣保罗日本屋"。这里由隈研吾完成空间设计并负责监修，运用了日本的传统木匠技术而建成。建筑物的正面由各种长短不一的扁柏木材组合而成，这种被称为"地狱组"的工艺方法，吸引了很多路人的目光。

位于一层最里面的图书室足有 18 米长，整个书架没有使用竖板，而是有着自己独特的构造。通常，我们在根据图书的排列顺序构建其内在脉络的时候，要在竖板和横板共同组成的 BOX（框架）中展现世界观。然而，这个没有竖板的书架，就像没有书页概念的卷轴一样，把图书的脉络循序渐进地连成一体，再横向延伸下去。

这个图书室与"日本屋"商店区的日本酒柜台相连接，

因此，其中的图书自然是从与"食"相关的主题开始。有外国人熟知的日本酒酿造，接着是日本各地的酒藏指南，然后是关于发酵文化的书。从东京农业大学名誉教授、日本发酵学第一人小泉武夫的书，到以拥有超能力，能用肉眼看见细菌的青年为主人公的发酵漫画《豆芽菜》，我们把那些在普通图书馆被分到不同区域的书（小泉武夫的分到农学，《豆芽菜》分到漫画），重新统编到了同一个主题下面。

"食"是一个有广度的主题。在以"日本料理"为关键词选书的时候，我一直记在心上的是日本文化史和茶道史第一人熊仓功夫的著作《日本料理的历史》中的一段话："日本料理的起源是神社里的供品，而后发展成京料理及茶怀石"。

正如前文中提到的从发酵到日本酒所形成的体系那样，在这里，我们又从神社中的供品连接到茶道、茶艺仪式，再到茶杯、工艺（手工艺），进而与日本的民艺、手工艺、民间工艺品连成一体，一直延伸到现代的产品设计，从而形成了一个整体的图书脉络。

然后，又从这里开始，书的内容进一步扩展到了建筑和图形方面。同时，在介绍艺术类书籍的部分，从以浮世绘闻名的江户后期画家葛饰北斋的《北斋漫画》（1814 年）

到手冢治虫（1928—1989 年），也将日本漫画表现方面的成就连成了一脉，延伸到现代漫画类作品。

图书室完成以后，2000 本图书在书架上自成体系，呈现出逐渐变化的层次。这缘于书架的结构"横向连通"，我们在摆放图书时，充分发挥了这一特点。"拿起这本书，还会注意到旁边另一本"，这样读者不就体验到了整个世界从书架上扩展开来的感觉了吗？……每当我看着场内的人们，这样的感觉便油然而生。

据说在这三座"日本屋"中，圣保罗馆的人数最多。除了图书室，这里还有画廊的展示、美味的餐厅以及日式咖啡店等。场馆内还经常举办茶艺活动。

巴西原本就有大量来自日本的移民，很多人对日本和日本文化怀有同胞之感。据说巴西最大的日本人社区就在圣保罗，因此当地人对日本怀有浓厚的兴趣。

不过，我们对于巴西当地居民文化还停留在一知半解的程度。所以，选书工作首先从采访住在日本的巴西人开始。在汇总各领域基本图书的过程中，摄影家筱山纪信在 20 世纪 70 年代拍摄的里约热内卢狂欢节写真集 *Olele · Olala* 给了我们很大启发。

如果把这本写真集拿给出身于圣保罗的巴西人，恐怕他们不会有什么好脸色。原来，是因为被称为"卡里奥卡

（Carioca）""弗卢米嫩塞（Fluminense）"的里约人，和被称为"帕里斯塔 (Paulista)"的圣保罗人之间，一直有意无意地存在着竞争关系。

巴西的城市风格各不相同，如果说里约是狂欢和娱乐之城，那么圣保罗则带有鲜明的商业和文化气息。我们给受访者看了足球漫画《足球小将》，一位喜欢足球的男性向我们反馈道："这部漫画的主人公肯定能入选圣保罗的足球队'FC圣保罗'，这可是个有眼力的家伙啊。"他还向我们讲解了圣保罗几支足球队的不同之处。

通过这次采访，我们把注意力集中在展现圣保罗本地人自身的细微特点上，选择能够彰显他们个性的图书。这个方法是奏效的，选书得到了许多读者的认可，我感到很高兴。

洛杉矶日本屋

位于美国西海岸洛杉矶的日本屋，其场馆位于好莱坞和高地中心的购物广场中，这是一个像活动会场前厅那样的空间。在这里，我们有意识地打造了一个可以静心读书的图书室。

日本和洛杉矶在文化方面有着重要的关联，明治时期就有很多日本人移民到洛杉矶，位于洛杉矶的全美最大的日本人街"小东京"（Little Tokyo）也广为人知。所以，我们在这里精选了题材广泛的书。例如，有介绍美国职业棒球大联盟野茂投手和来自加利福尼亚的设计师野口勇（Isamu Noguchi）的书，时尚类的书，以及政治、经济、社会方面的书。

现在，日本文化正受到全世界的关注。我切实地感到，这种局面的形成，很大部分是得益于日本文化在国外获得的高度认可。从这个意义上说，洛杉矶的重要作用不可或缺。凭借大量伊藤若冲和琳派藏品而闻名于世的普莱斯收藏（the Price Collection）也在洛杉矶设立了据点。因此，我们在这个图书室里也摆放了一些琳派作品集。

包括筹备期在内，我参与"日本屋项目"有近5年之久。在这个过程中，我深深感到"书是超越国界的"。它既可以展现面向外界的、公众眼中的日本形象，也可以更真实地传递互联网上搜索不到的观念、视觉形象和当地人的情感。我由衷感到这项工作是意义深远的。

伦敦日本屋

伦敦日本屋位于伦敦高级住宅街南肯辛顿。这座场馆里的书架空间很小，所以我们设计了永久型（常设）和展示型两种书架。展示型书架每年更换三次主题，每个主题都会精选出 30～50 本书。

如果要介绍一下历次主题的话，第一次是"日本的自然"。设计这次主题时，我们把书架分成春夏秋冬四季，利用移动式书架的优点，对图书进行了立体化的展示。在春天的书架上，我们以樱花为主要对象，介绍了坂口安吾的《在盛开的樱花林下》等小说和一些视觉系图书，还展示了摄影家铃木理策、大森克己、蜷川实花的樱花印刷品，让读者从视觉上理解樱花对于日本人所具有的丰富含义。同样，围绕夏天、秋天、冬天这三个季节，我们也在书架上进行了多角度的呈现。

第二次的主题是"民间艺术"。第三次的主题则是"日本漫画表现中的性别多样性"，介绍的作品包括了涉及女扮男装的《缎带骑士》（手冢治虫）、《凡尔赛玫瑰》（池田理代子）、《海月姬》（东村明子）等。

同时，我们在描写同性少年之爱的漫画《风与木之诗》（竹宫惠子）的旁边，摆放了对其创作产生一定影响的《德米安》（赫尔曼·黑塞）及《少年爱的美学》（稻垣足穗）等图书。

我们还邀请了描写同性婚姻的《弟之夫》的作者田龟

源五郎，以及因《波族传奇》等作品而广为人知的萩尾望都等作家到场，举办对谈活动。

今后我们将推出的主题包括食物、图像、以阿伊努人为代表的日本原住民等。我们希望与伦敦日本屋的总策划共同商议，以深刻而敏锐的视角展示各种主题，把精彩的图书呈现给大家。

第一章

有书的风景

有书架的医院、美发店、银行

为了恢复患者的大脑机能

[千里康复医院]

　　这是在一片丘陵地上开垦建设起来的千里新城，毗邻原大阪世博会会场。在邻近的箕面市，有一片住宅开发区，一家专门用于康复训练的医院于 2007 年 10 月竣工。

　　这家医院名为"千里康复医院"，地上三层，地下一层。米色基调的建筑给人以稳重之感，犹如高级公寓一般。建筑的局部采用曲线设计，也成为强化这种印象的重要元素。

　　一直在香川县开展医疗服务的法人社团和风会，为了将业务拓展到大阪，组建了这家用于康复训练的专业医院。脑卒中导致脑血管疾病的患者，以及大腿骨骨折、外伤等导致脑或脊髓损伤的患者，会在这里进行康复训练，以改善疾病带来的日常生活不便。

　　走进医院，让人不禁怀疑：这里真的是医院吗？宽敞的大厅，设计得像艺术品一样的红色椅子，大厅一角还设有图书室，摆放着艺术类的写真集和其他书籍。

　　一眼看去，《美味礼赞》(布里亚·萨瓦兰)、《伊藤若冲[1]大全》等字十分显眼。茶色的木制书架上，蓝色系、黄色系、绿色系、红色系封面的书，全都封面朝外，竖排摆放着。这个图书室在设计上别出心裁，它按颜色来区分书架，书也都以封面颜色归类，放在了同色系的书架上。

楼上是病房层，有 115 张病床，94 个房间，其中 75 个是单间。医院设想患者回家后进行康复训练的场景，还专门设计了榻榻米房间，使他们在住院期间的康复训练环境和在家一样。同时，医院还将走廊留出了足够宽敞的空间，以便患者进行康复活动。

病房层也设有图书室。在宽敞整洁的公共空间里，放着几排颇为别致的木制书架，和其他医院相比是截然不同的景象。

如果说一层大厅的图书室偏重展示性，病房层的书架则更具实用性，病患们随时都能来看书，也可以把书带回自己房间看。这里精选、组合编排了约 1200 本书，藏书量如此之多，在所有医院中也是独一无二的吧。这些工作都是幅允孝完成的。

梦寐以求的图书室

[1] 伊藤若冲（1716-1800）：日本江户时期的画家。

"构思这家医院时，我们首先决定的就是建图书室。"

说这话的是医院理事长兼院长桥本康子。在医院的筹备阶段首先想到的就是图书室，这种想法听起来确实意外，但对桥本来说，却是理所当然。她觉得，对于因脑疾或外伤导致身体麻痹的病人来说，"在居家的氛围中，才能有效促进康复。所以把家里常见的书架也摆到医院里来，不是很好吗？"。

桥本一直以来就对利用书籍进行康复训练非常关注。

她说，一提到康复训练，大家通常想到的是手脚等身体功能的恢复和改善。使用一些有针对性的器具，让患者的肌肉力量得到恢复，这当然很重要。但其实，患者的脑功能也受到了损伤，从外表上往往很难被发现。

首先是记忆力，还有注意力、判断力、认知力等，这些日常生活中必不可少的大脑功能，患者们也都比正常人有所下降。桥本认为，书对于恢复这些功能，或多或少都能起到一些作用。

还有一个原因，就是要提升康复训练的质量。到目前为止，虽然也有通过阅读文章进行康复训练的，但文章大多是"花是红色的""天是蓝色的"之类，内容非常浅显。而入住千里康复医院的病人中，不乏相当有学识、有才智的人。他们中的很多人在生病之前，不但拥有良好的社会地位，而且酷爱读书。让他们去读"花是红色的""天是蓝色的"，实在太难受了。

他们的身体已经受损，如果连阅读也成为奢望，精神打击之大可想而知。因此，桥本想到尝试更加与众不同的康复训练方式。

话虽如此，到底选择什么样的书，怎样使用它们，才会对康复有效，桥本一度毫无头绪。利用书来促进康复训练固然是个好主意，但这跟医疗领域还不是一回事，要具体操作起来，桥本也总是不得要领。

带给她启发的是艺术指导人佐藤可士和。无须多言，佐藤可士和是日本最具代表性的艺术创作人之一。

佐藤曾在日本广告代理业巨头博报堂就职，后来创立了 SAMURAI 股份有限公司。他曾担纲 SMAP[1] 影音制品的图像设计、麒麟极生啤酒的商品开发和广告宣传，还曾负责过 NTT DOKOMO[2] 的产品设计、优衣库[3] 纽约全球旗舰店创意指导、国立新美术馆签名计划（即为了让参观者能顺利且安全地完成参观，完善引导信息及标识的活动）

[1] SMAP：日本知名男子偶像组合。
[2] NTT DOKOMO：日本最大的移动通信运营公司。
[3] 优衣库：经营休闲、运动服装设计、制造及零售的日本服装品牌，英文商标为"UNIQLO"。

等，一直活跃在艺术指导和创作一线。正是这位佐藤可士和，在千里康复医院设计理念上发挥着核心作用。

"选取有助于患者康复训练的书"

佐藤在和桥本的交流中发现，在"医院应有的样子"这个问题上，二人的观点非常一致。医院不仅仅是治疗疾病的场所，还要创造出让患者感觉更舒适的环境，这样也能对治疗带来积极效果。基于这种想法，他们不再固守医院的通常标准，提出了"康复训练度假村"的概念。为了落实这个理念，佐藤把建筑物、风景设计，医生及护士的制服设计，以及让康复能在放松中高质量完成的背景音乐（BGM）和香熏等，分别委托给相关专家或专业设计师。与此同时，当谈及为康复训练建造图书室时，幅允孝的名字浮出水面。佐藤是在担任后文所述的"茑屋东京六本木"的艺术指导时，知道幅允孝这个人的。

在佐藤的推荐下，桥本当即决定请幅允孝设计书架。她提出的要求是："想多摆放一些对脑卒中患者康复训练有帮助的书"。

但是据说，幅允孝当初并不知道应该选择什么样的书，很是困惑。因为他周围并没有患脑卒中的病人，对他来说，这是一个完全未知的领域。

"他当时准备了各种不同的书，像疾病类、美食类、旅行类等。不对不对，当时我和他说，有趣的书才比较好。"桥本回忆当时的情景说道。

遇到不懂的事，坐在桌前想破脑袋也无济于事。这种时候，只有去现场一看究竟了。于是，幅允孝来到千里康复训练医院，面对面地和那里的医生以及进行康复训练的患者们交流。

沟通中，幅允孝首先了解到，很多患者都是长期住院的，有充裕的时间。因此，像《三国志》这样的历史巨著，以及司马辽太郎、马塞尔·普鲁斯特（Marcel Proust）等作家们的长篇小说应该适合他们吧。于是，与患者再次见面时，他把这些书都拿去了。

对于幅允孝的提案，起初大家一致举手赞成，"对啊，这应该可以吧"。

然而有一位患者却这样说道："我可没心思读这个。"

对于注意力下降的患者来说，要完成长篇小说的阅读，实在是很费劲的。确实是这样。设计书架的一方，总是难免以健康人的立场来思考，但是，健康人认为理所当然的事情，对住院患者而言却并非如此。他们的脑功能处于低下状态，为了争取康复而阅读长篇小说，确实有些勉为其难。

　　此后，幅允孝开始进行各种试验和摸索。他再次深入到患者中间沟通交流，长篇读物不适合，短篇的也许可以。如果是诗歌、俳句、短歌，应该可以马上读起来吧。他反复思考着各种可能性，此时浮现在他头脑中的不再是长篇巨著，而是那些可以仔细品味字里行间含义的书。

　　有一天，一位上年纪的男性患者，想让医院的工作人员给他带本诗集。工作人员带来后，他就把诗抄在了纸上。瞥眼一看，那是一首谷川俊太郎的诗。

　　"老爷子，真不错啊！"工作人员说。

　　"这是写接吻的诗啊！我一高兴，就照着抄下来了。"老人既高兴又害羞地说。

　　幅允孝从医院得知了这件事。一位患者因为阅读诗集，而沉浸于"接吻"这件事，产生了与医院氛围迥然不同的甜蜜情感，幅允孝觉得这实在新鲜而令人感动。同时，他也由衷地感到喜悦：即使患者不了解谷川俊太郎其人，读他的诗也毫无障碍；原本很可能擦肩而过的人，因为生病，反而有机会与谷川俊太郎的诗结缘。

　　这位患者抄写的诗名为《接吻之时》。

　　你在想什么

　　闭着眼睛

鼻翼微隆

你在想什么

是想我

还是想自己

还是想其他不相干的事

我们的头顶阳光闪耀

我们的周围

人声嘈杂

而我们

像很久以前的木乃伊一样相互拥抱

这样我便感到抓住了幸福

你在想什么呢

幅允孝眼前浮现出老人全神贯注抄写诗句的样子，他深切地感到，书籍具有唤起人们内在原动力的力量。

幅允孝说："比起动手，更重要的是用动起来的手抓住什么；比起动脚，更重要的是迈出的双脚走向哪里。病人们阅读图书不仅只是为了康复而康复，它还能让阅读者感受到丰富的情感，能让潜在内心深处的'愉悦''欣喜''害羞'等各种感情都浮上心头，这种效果甚至轻而易举地超越了作者或传递者的期待。同时，我也意识到，这一点是我在书店时没有发现的。"

据医院工作人员说，翻动书页的行为本身对康复就很有效，纸的触觉也很重要。医院的图书室里也尝试性地摆放了一些手翻的动画书（把许多张大小相同、画着连续动作的画片订在一起的书）。患者只要用手翻看，便可以欣赏到动画效果。

"毫不留情"的地方

在反复试错的过程中，有一次幅允孝和患者聊天时，提到了职业棒球。说的是 1985 年，日本阪神老虎棒球队时隔 21 年再次夺得联赛冠军，同时首次捧得日本锦标系列赛冠军的事。对于关西地区的老虎队粉丝来说，没有哪个赛季比那一年更让人热血沸腾了。幅允孝听到这席话，心里灵机一动："就是它了！"他马上把当时发行的老虎队写真集带到了图书室。患者们看到后都很高兴，围在一起七嘴八舌地讨论了起来，还得意扬扬地讲起甲子园球场"老虎"对"巨人"一战，后方屏幕连续三次出现本垒打的情景。幅允孝发现，即便是那些平日里沉默寡言的患者，只要一回忆起过去的事情，也会主动打开话匣子。

幅允孝还有了一个新的发现。

那就是，在离千里康复医院不远的地方，正是以前举行大阪世博会的会场，旁边还有一个世博会公园。

"对啊，这里是以世博会和绿色而闻名的地方啊。"

于是，他又试着拿来了世博会官方发行的写真集。

这回，患者们又表现出了强烈的兴趣。

"啊，当时这里排了好长时间的队来着！"

"这是松下馆。当时我们去这个馆参观的时候，亲戚家的孩子还中暑了呢。"

此前一直不怎么开口的人也加入了聊天队伍。他们的话匣子一打开，话题就源源不断地冒了出来。可能是因为每个人封存的记忆都在聊天中逐渐复苏了吧，也许，这就是让人念念不忘的回忆的力量。可以肯定，照片让患者们的大脑受到了刺激。

幅允孝就此确信，除了阅读文字以外，偏重视觉的图书对康复也有很好的效果。

幅允孝还在图书室里摆放过木村伊兵卫的写真集《巴黎》。不过，患者们谁都没听过这部大名鼎鼎的作品，更不认识木村伊兵卫是谁了。

"当时我就想，医院和普通书店是不一样的。来书店的顾客都是对书的体系有一定认知的人，而医院却不是，可以说，医院是'毫不留情'的地方。"幅允孝说。

"毫不留情"的地方。也就是说，这里的书没有被任何人或事的光环加持，而是直接暴露在患者的目光之下。在这里，是不是知名作家的小说，是不是大出版社的书，是不是获奖作品，都没有任何意义。这里的人都身患疾病，对于行动不便的身体感到痛苦，情绪又非常急躁。他们只想尽快康复起来，想读书、写字，想与家人、朋友多交流。对有如此迫切愿望的患者来说，这本书是他感兴趣的，或这本书能让他产生阅读的欲望，这才是最重要的。

正因为如此，我们发现书又被赋予了崭新的任务。一本好书要看对谁而言，要看把它放在哪里，起到了什么作用。以前完全没有意识到的书与人的这种关系，幅允孝在千里康复医院感悟到了。

不知道木村伊兵卫是谁的患者，在看了那本写真集后，这样说道："我也要快点把脚治好，再去一趟巴黎。"

拿来用的书

不久后，幅允孝总结了设计千里康复医院图书室的经验，和医院共同编辑、出版了一本辅导书，名为《拿来用的书》（蒲蒲兰社）。

这本书最大的特点是可以被当成工具进行"实际应用"。全书介绍了44本不同的书，对每本书里可供思考、娱乐的内容及相应的页码都做了说明。它是一本与众不同的读物，每一页都可以起到"脑筋体操"的作用。

比如，第一页介绍的是《线之书》。这是"以画风独特而闻名的画家保罗·考克斯（Paul Cox）用完全逆向思维制作的绘画书"。

在书的右页上，有一幅看起来像是动物的画像，整张画像只有眼睛和鼻头是绿色的，其余都被涂成了黄色。书里要求用黑色的线条在这页纸上作画，可以任意勾勒轮廓，也可以添加线条，创作出一幅新的画作。

这和我们通常的绘画顺序（先有轮廓，后涂颜色）截然相反。你画成什么样都可以，画的不是动物也完全没关系，你甚至都可以自己编故事来画。

另一本是《我们的昭和三十年代[1]报纸》（昭和儿童报纸编撰委员会）。这本书模仿报纸的形式，逐条介绍了从昭和三十年到三十九年 10 年间发生的大事。读者可以把自己当时的年龄填入书里的方格中。这样设计的意图是，让读者一边确认那一年发生了什么事，一边写上自己的年龄，重新唤醒当时的记忆。

---

[1] 昭和三十年代：昭和元年为 1926 年，昭和三十年代是从 1955 年到 1964 年。

　　还有一本书的页面设计也很有趣，内容是以诗配图的形式解说诗人长田弘的作品《深呼吸的必要》，读起来轻松舒畅。这页摘录的诗名为"散步"。

　　只是走路

　　手中空无一物

　　不急不躁

　　来到钟爱的拐角，顺势转弯

　　转过弯来，路前方的风景骤然改变

　　有曲折蔓延的小道

　　也有意想不到的下坡，让我的膝盖直发颤

　　这一页其实是用来帮助患者练习阅读多行文字的。然而，在阅读的同时，却可以感受到来自诗中内容的鼓励。享受走路本身的乐趣不就很好吗？这看似简单，却并不简单，正因如此，一起来尽情享受走路的乐趣吧。它就是这样一首能够激励人心的诗。

　　诗的旁边还配有一幅插图。说是插图，其实就是被方框围起来的一块空白，只在正中间画着一座小房子，旁边写着"试着在方框里画出你家周边的地图吧"。

　　读过前面的诗，便可尝试着在方框中画出自己家附近的地图。身体不能自由活动的人，行动范围总会受到限制，这一页就是要让患者想象自家周围的环境，进而产生走在那里的遐想，调动他们的兴奋感。

如此这般，整本书的内容带给人们以惊喜和乐趣。每一页都以做游戏的感觉，带领读者完成一些小课题。因为是以帮助患者康复为目的，所以文章平实易懂，完全是按"游戏"的形式来设定的。即使不是为了康复训练，翻看起来也会觉得很有趣。

桥本说，对于身体健康、活动自如的人来说，一旦变成半身不遂，给生活带来的艰难程度以及对身心的伤害都要超过周围人所看到的。

"有一位82岁的男患者，患了半身麻痹的病（脑血管系统障碍）。他年轻时有应召参加战争的经历，以前他一直认为，战场上的经历是最苦的。然而，当他生病倒下，身体无法自由活动之后，才发现现在才是最困难的。刚病倒时，他认为自己的生命已经结束了，要是今后一直这样卧床不起，简直生不如死。可见他受了多大的打击。而如果这位患者能够通过康复治疗转变思想，认识到即便身患残疾，也要活下去，就可以说治疗取得了70%的成功。"

桥本深信，借助书籍的康复治疗，对于激发患者斗志，恢复他们对生的渴望是非常有效的。在反复的失败和启发下，幅允孝终于完成了千里康复医院的书架编排。这次经验，也进一步拓宽了他作为选书师的想象力。

美容美发店里也建起了图书室

[美容美发店 SARA]

　　这里是福冈市博多的中心地段 —— 天神。在西铁福冈（天神）车站的不远处，从主干道往里走几步，有一家名为"SARA 大名店"的美容美发店。2008 年 11 月，幅允孝为这家店设计了"图书室"。

　　SARA 是一家开美发店的企业，在山口和福冈两地都有店铺。天神的这家分店，是公司花了大力气投入的，开在了九州地区规模最大的繁华商业街 —— 博多。

　　店铺面积 75 坪（1 坪 =3.30378 平方米）。店内显得很宽敞，环境跟街上常见的美发店完全不同，布置得像沙龙一样舒适，就算摆上茶、咖啡等饮品似乎也一点都不突兀。店堂的窗边立着书架，高近 2 米，宽也差不多，书架前面放置着桌椅。

　　书架并不大，藏书只有 80 册，但都是经过精挑细选的。除了单行本图书以外，还有伊夫·圣罗兰、毕加索的写真集，长田弘的诗集、绘本等。有意思的是，书架上的很多书不是密密麻麻地插进书架里，只露出书脊，而是封面朝外并排摆着。

　　在书架的隔断处插着一些小木板，上面写着一些词句，有"装束""身材""饮食也很重要""给孩子们""美好的生活方式""那个人的一生"……

　　幅允孝将这些表现主题的词句称为"分类标签"，这个书架上共做了 12 个。所有的书籍正是以此为核心来分门别类的。

　　在"那个人的一生"标签处，摆放着《毕加索与杰奎琳～那首爱的叙事诗》（大卫·道格拉斯·邓肯），以及描写摩纳哥公国王妃的《格蕾丝·凯莉》等书。书里到底是什么内容呢，当你忍不住想要拿起来一探究竟时，却又瞥到旁边的一本《史努比们的人生指南》，这样的小惊喜总能让人不由得会心一笑，哈哈。

　　这次委托幅允孝设计书架的是 SARA 的董事兼营业本部经理田上英树，他说："女性顾客来店里就是想变得更美，做头发、化妆这些当然都是我们分内的服务，但我认为不应该局限于此，我们的工作还要包括对时尚感和内在美的全方位打造。除了做发型以外，还要考虑整体搭配，思考如何回应女性顾客们对这些知识的好奇心，以及如何刺激她们的这种好奇心。"

　　之所以这样考虑，是为了和其他美发店有所区别。

田上说，SARA 所在的博多、天神一带，美容美发店的密集程度之高，在整个日本都是数一数二的。从客人的角度来看，选择店铺的余地很大，没有特色的美发店很可能被淘汰。想在同行竞争如此激烈的地区生存下去，必须调整好店铺的发展方向，瞄准自己的顾客群体。

天神地区汇集了来自周边各地的女性顾客，年龄层分布也非常广泛。但是对那些已婚且经济独立的女性有吸引力的店铺却不多。

田上说："这些人来到天神，只会去逛大百货商店。她们就算想换家美发店，很多时候也会觉得这里大都是适合年轻人的，便敬而远之了。不过，她们对信息非常敏感，好像拉着一张布满了触角的网，能及时捕捉到各种新鲜事。借助这个图书室，也许能让她们产生兴趣，愿意光临吧。让她们来店里看看书，惊讶于这里居然有这本书，发现一两本喜欢的，给她们带去一点小惊喜，也不失为一种成功吧。"

田上说，以前店里也放过一些书，但只是当成室内装饰的摆设而已。

"书具有与众不同的内涵，不是吗？它们是启发想象力的最佳媒介。读一本书，可以跟随其中的内容来一场旅行，或者把自己融入故事里。客人在美发店停留的几个小时里，思想可以借着书穿越时空隧道，飞向未知的世界。"
田上说。

把美容美发店的形象拟人化

田上用旅行的比喻，形象地说明了书对有强烈求知欲
望的女性的吸引力。

"尽管如此，普通的信息类杂志肯定是行不通的。我
的建议是摆放一些平时不常见的写真集，或者是能让读者
内心感到充实的书。"田上说。

田上的话似乎可以从多位女性顾客的反馈中得到印
证。她们中的一些人说，女性去美发店的理由之一是想来
一场"华丽变身"。如在婚礼或聚会之前做个头发，或者
为了改变心情而换个新发型。对于带着这种心情上门的客
人来说，店里的氛围是非常关键的。

还有的人说："好的美容美发店，放的杂志也不一样。"
要是在店里看那种在车站小卖部、便利店里到处都有卖的
女性周刊，只会让人觉得疲倦。好不容易怀着脱离日常平
凡生活的心情来到美发店，想要享受一刻悠闲时光，来个
华丽的大变身，却又被满载着庸俗报道的周刊杂志拉回到
现实中，任谁都会心情不好吧。相反，如果看到杂志上有

介绍京都之美的特辑、上等的器皿照片，或是有关和服、美食等题材的优质文章，人的心情也会随之充实起来的。赏心悦目的外国画刊，时尚主题的品牌杂志等也有同样的效果。甚至有人这样断言："杂志的格调体现了一家美容美发店的格调。"

也就是说，包括顾客与发型师、化妆师的交流在内，让顾客在美发店获得脱离日常的心情体验，是一项非常重要的内容。

想要自我改变的话，这里有适合你的书哦

在美容美发店里建图书室，这个想法该如何实现呢？田上还在苦思冥想的时候，偶然在电视节目《热情大陆》中看到了关于幅允孝的介绍。

"当时我就认定是他了。"田上说。

《热情大陆》是大阪每日放送（MBS）[1]制作的人物纪录片，每集 30 分钟。这个节目追踪报道活跃在各行各业一线的人物，还原他们的本色，展现真实魅力。节目每周日晚上 11 点在 TBS 系列频道全国播放，从 1998 年开播，

---

[1] 每日放送（MBS）：日本民营电视台，总部设在大阪。

已经持续了多年，是一档长寿的人气节目。

"幅允孝在节目中说，他想在没有书的地方摆上书，想在各种不同的地方制造人与书的相遇。这与我们店的理念'让女性遇见美丽'颇为契合。我决定不管怎样也要和他合作，于是提出了委托。"田上说。

编排书架时，如何排列书固然重要，但在此之前要明确的是：要选择什么样的书。选书的前提是"制造形象"。幅允孝在编排书架时，总会全面听取委托人的要求。想要什么样的店铺，想怎样改变，瞄准的顾客群体是什么人，要给予目标顾客什么建议，期待什么样的效果。

对 SARA 的形象构思，幅允孝花了两天时间完成。田上这样描述当时的情形："总之，只要我们提起一个话题，幅允孝就会接二连三地产生各种想法。说起饮食，我们通常会联想到法餐、西餐，而他则不限于此，会提出更多的设想。他的思维好像永无止境，能从一个话题不断引出下一个话题。我真好奇，他的脑袋里怎么有这么多想法。"

通过与 SARA 店方的沟通，幅允孝构思出一位女性形象，这是一个虚构的人物形象。

她 32 岁，身型娇小，留着长发。工作起来积极主动、干劲十足。从不在便利店买便当。她假期会去旅行，周围的人都觉得她性格潇洒。有时候也会稍显冒失，但却不失女性魅力。对于这样的女性，我们希望她阅读什么样的书呢？这便是幅允孝要思考的问题。

按照这个方法完成的图书室受到客人的一致好评。

有的客人说："真没想到还能在美发店里看书呢。"

"这本书可以卖吗？"

还有的客人说："只来看书可以吗？""书可以外借吗？"

"对书或作家略知一二的顾客，都对这个书架钟爱有加。就连顾客和店里年轻美发师聊天的话题也变得丰富了。如果双方存在年龄差距，说起话来难免感觉生硬，有时甚至还会很尴尬。然而，如果以白洲正子的书作为话题，客人就会感兴趣了，也更容易聊得开。"田上说。

图书室打造完毕，书也摆放停当，但这并不意味着马上会产生多大的效果。

"我认为要以长远的眼光来看待性价比这件事。只要把书本的魅力有效传递出去，顾客必然能领会我们品牌的理念，从而信赖我们。"田上说。

2012 年 11 月，SARA 把天神分店迁到了离主干道更近的地方，店名改为"SARA BEAUTY × LIFESTYLE"，店铺面积也从 75 坪扩大到了 120 坪。搬入新店后，图书室依旧保留，换了比以前更大的书架。经幅允孝挑选、编排的图书还是原封不动地摆在那里，没有改变。

　　"现在这个时代，求知欲强的人比以前多了。就我们店的客人而言，带着自己的书，利用等待的时间阅读的人也在增加。还有的客人听说这里有幅允孝编排的书架，就特地过来一探究竟呢。他们看到这些写真集，觉得能放这样的书，一定是家讲究的店。SARA 通过设定这个 30 多岁的人物形象以及设计这个书架，店铺顾客群体定位于职场女性的形象已经实实在在地传递给客人了。"田上说。

为实现梦想而助力

[斯鲁加银行图书室"d-labo"]

斯鲁加银行（Suruga Bank）位于东京六本木东京中城内。听说这家银行里有一个幅允孝参与设计的图书角，名为 d-labo，我走访了这里。

d-labo 设在银行服务窗口所在楼层的一角，开设于2007 年，是一个可以举办研讨会、演讲和小型活动的空间，氛围安静而沉稳。为了方便来银行办事的人看书、会面或洽谈公务，这里还放置了椅子和桌子，就算没什么事，人们也可以随意使用。

书架在图书角的最里面。高约 2.5 米，共有 5 个。虽然不是很大，但远远望去也很有存在感。

粗略一看，书架上排列的书都是跟钱有关的，倒是很符合银行的调性。细看后你会发现，这里还有环境题材的书和漫画，展现出和普通书架不同的一面。

幅允孝为这个图书角挑选的，主要是以"梦想""环境""金钱"为主题的书。每个主题所包含的内容都非常广泛。在杂志 *DESIGN with ATTITUDE* 上，幅允孝还发表过文章解说这里的书目。我从中摘录了一些稍作介绍。

其中一本书的名字叫做《万物皆奇迹》(*The Sense of Wonder*),作者是以创作《寂静的春天》而闻名的环境学家蕾切尔·L.卡森。

这是一本跟环境相关的书,但在这里,与其说它是一本教育类图书,不如说是一本口信集,是根据卡森与侄女的儿子罗杰在美国缅因州森林里的体验为素材写成的。正像图书室显示器上的书籍介绍所说的,"走进大自然,耳闻目染及身体所感受的一切都让人兴奋,心生喜悦。这就是万物缔造出的奇迹(sense of wonder)。如果想正视自身的恐惧、惊叹等感性情感,超越作为个体的认知,也许首先应该好好凝视每天的夕阳吧"。

另一本书叫《日本岛的向导SHIMADASU》。它堪称日本岛屿导游书中的权威之作,不光有导游功能,还融合了文化要素。当你听到"环境"这个词的时候,脑海中浮现出离岛等岛屿的可能性恐怕很小吧。读这本书的感觉,就好像是被戳中了意想不到的兴奋点一样。

关于金钱的主题,也许你会想到诺贝尔经济学奖获得者保罗·克鲁格曼的《克鲁格曼教授的经济入门》,而这里的书架上还摆着美术家兼作家赤濑川原平的《不可思议的钱》。

说到"钱"，也许很多人会联想到全球经济、储蓄或股票投资，还有职业生涯等。而赤瀬川原平这位作家，则是个大智若愚的人，是个在路边发现乍看起来毫无意义的物件，也能从中觉察到趣味的人。一本写金钱的书远远不能概括他的全部。

赤瀬川这个人，曾经把1000日元的纸币放大做成仿制品，结果被指违反了货币及证券仿造监管法。不难想象，这本书写的一定不是金钱赞歌、储蓄窍门等内容。借用棒球语言来说，这本书给人的感觉就好像一个曲线球或怪癖球正软绵绵地朝这边飞过来。

看到这些精选的书，我不由想到：所谓金钱究竟是什么呢？金钱为何而存在？这或许也是幅允孝想让大家思考的吧。

这些涉及面广、主题丰富多彩的书被不断出版，而通过把它们组合在一起，我们得以遇见一个非常丰富的知识世界。

还有一本书叫《不就业的生存之道》（雷蒙德·芒果），这可是个让人心跳加速的书名啊。工作通常被认为是赚钱的唯一手段，然而幅允孝却这样写道：

"我不想过充满谎言的生活，我想做自己认可的工作。听说有很多人因为这种想法而辞职。在这本书出版20

年后的今天，我们重新回到对这个书名感同身受的时代。有多少人能够实现梦想，又有多少人在为实现梦想而打拼，并且拼尽了全力。这本书的作者经历过各种各样的职业，他用亲身经历告诉我们，创业、自立门户的方法其实有很多。"

重新认识银行的作用

说 d-labo 是展现银行文化的书架，似乎并不为过。但这并不是说，幅允孝摆在这里的都是些随处可见的书。

在杂志 *Switch*（2007 年 6 月刊）中，刊载了幅允孝与 d-labo 总经理山本贵启围绕如何建造书架进行的对话。山本表示，银行的存在价值正在发生变化，为此必须提出新的价值主张。

他说："就像书对于书店意味着什么一样，这对于银行而言，我认为应该是梦想、人生、目标、未来，等等。人们去银行也就是去寻找梦想，这话听起来可能有点冠冕堂皇，但其实就是思考自己到底要过什么样的生活。思考的结果，如果是为了实现梦想而需要用钱，那么银行就正好具备了这个功能。而且，银行还可以帮助人们寻找合作伙伴，介绍专家等，总之是把各种实现梦想的方法提供给人们，金融当然也是其中之一。我们希望能以这样的方式存在于世，这也是我们做这个项目的初心吧。"

山本介绍说，迄今为止，银行的服务只不过是一种手段。假设银行只能提供收银服务这一点，顾客肯定是不会满意的。现在人们连交税都可以就近去便利店或邮局办理，更何况还有便捷的信用卡。需要现金的时候，去 ATM 机取就行了。电子货币已经出现，纸币等现钞的存在方式正在发生改变，因此银行如果只作为一种"手段"的话，已经不能在社会上立足了。我们必须顺应时代和环境的变化，发挥自己独特的作用，以体现自身价值。

"斯鲁加银行以'帮助人们实现梦想，给梦想加个日期'为使命。希望人们能在 d-labo 里回想起自己在日常忙碌中遗忘的梦想，给那些根据以往经验延伸而来的梦想以新的启发，为人们的梦想创造出新契机。我们希望多跟客户沟通，为他们实现梦想提供不局限于金融领域的帮助。为此，我们迈出的第一步就是'd-labo'，其中当然少不了幅允孝编排的书架。"

从山本的话中我感到，银行必须重新定义自己的作用。作为尝试之一，他们设计了"d-labo"，为了让它"看得见，摸得着"，又专门设计制作了书架。书和书架在企业重新审视自身，推进业务改革的当口，居然能被用来展现企业方针，还真是有意思的事。

对于银行提出的要求，幅允孝是这样回答的。

"与其用'关于金钱，我们的立场是这样的'之类的话进行简单概括，不如通过各种各样的书籍组合，传递出一种'想表达这个意思'的氛围。通过几百册精挑细选的图书，以间接的方式让对方领会'你是想说这个吧'。就这一点而言，银行与我的思路是一样的。"

为了传达某种信息，不用单一的颜色，而是把各种颜色混合在一起，让对方感受色彩交织而成的整体，大概就是这样的一种感觉吧。这是幅允孝在思考如何选书和编排书架时，至关重要的一点。

幅允孝每次在动手编排书架之前，都要做周密的调查准备，最主要的一项就是和委托人面谈。目的是什么，顾客是什么样的人，迄今为止是怎么经营的，公司最大的特点是什么，今后的设想是什么，想向什么人传达什么信息，书架的构思是怎样的……这样的前期摸底调查有时候要持续一天以上。

幅允孝经常说："如果只是把自己喜欢的书摆到书架上，只能是帮倒忙。"

在积累过程中，幅允孝的特色书架渐渐成形。而他的工作方法之一，就是塑造架空的人物，即形象的拟人化。

在编排每个书架时都塑造出一个人物形象，琢磨其性格、生活方式、行为习惯、个人经历、工作、一天的日程等细节。再挑选出能串联起这个人物的兴趣和关注点的书。

不过，这种形象的塑造并不是狭义的角色定位，而是搭设出广义的人物架构。也就是说，千万不要"一刀切"地搞一些"这类人大概就适合这种书"的设定，而是要看到人的复杂多样性和广度，用多种颜色赋予书架一种和谐的整体性色调。

然而，即便是经验丰富的幅允孝，也在康复医院的案例上碰了钉子。这是因为，他平时只为健康人设计书架，给残障人士设计书架还是第一次。最初的构想以失败而告终，这个案例超出了幅允孝的预估。

后来，通过与患者聊天、交流，幅允孝终于意识到他们最需要的是什么，然后开始重新选书，甚至专门创作了给残障人士看的康复书。可以说，这次遭遇的挫折，反而让幅允孝的工作迈上了一个新台阶。虽然委托人是康复医院，但真正的读者，真正要与书相遇的还是那里的患者。

通过这次经历，幅允孝也领教了"铁面无私"的医院对书"毫不客气"的态度。

从这个意义上可以说，选书永远没有完成式，需要根据现场的各种实际状况不断完善。

第二章

幸福的『事故』

来自大学、餐厅的订单

开在大学生协里的咖啡书吧

[东北大学生协 咖啡书吧 "BOOOK"]

　　虽说已是四月下旬，依旧感到有几分寒意，可能是正在下雨的缘故。在羊肠小路般的坡道上，学生们正冒雨蹬着自行车。

　　这里是位于宫城县仙台市的东北大学。这所大学以JR东北本线仙台站西侧的青叶山为中心，建有五个校区。其中，青叶山校区建在了因伊达政宗而闻名的青叶城址附近，占地面积广阔，有校舍和研究楼等建筑近70座。

　　这天我拜访的是位于校区中心广场的"咖啡书吧BOOOK（book+café BOOOK）"。这是由工学部生协经营的一间咖啡书吧，于2010年4月5日开业。店内的风格非常独特，完全颠覆了人们对大学生协的一贯认知。这家书吧也与幅允孝颇有渊源。

　　一条行驶公共汽车的主干道横穿了整个占地广阔、地势起伏的校区。沿着坡道攀行少许，便可在左首处远远地看到一幢崭新的圆形建筑。

　　在一排排陈旧的校舍和四四方方、缺少趣味的楼群中间，唯有这座建筑散发着异彩。走上缓和的斜坡，镶嵌在建筑物墙面上的大玻璃展现在眼前。这就是"BOOOK"所在的生协。

走进店里，只见雪白的书架整齐地排列在茶色的地板上，面积大约有1000平方米，对比鲜明的配色让人耳目一新，我瞬间被店里的气氛吸引了。正如店名"咖啡书吧"所示，店内一角还设有咖啡店。整个店面充满了前卫的时尚感，与大学里的建筑似乎有些格格不入。

这里最主要的商品当然是书了，有25000册之多。其中有1500册是幅允孝编排的。作为工学部的咖啡书吧，这里自然摆放着很多与工学相关的书。不过，它最大的亮点还在于摆放着大量的一般性书籍、写真集和漫画等。

其中，最主要的书架要属"message from book"了。上面写着"探索那个人的思想""转换视点"等分类标签，陈列的图书包括写真集、绘本、小说、古书等类别。

学校的工作人员说，工学部的学生大多学习认真，不善言辞。他们整天忙于研究和实验，对自己专业领域以外的事情普遍不大感兴趣，或者即便有兴趣，也没有时间和精力顾及。有的学生更是一天12小时都闷在研究室里做各种实验。

给这些学生选的书里，就有浦泽直树的 *PLUTO*。这是一部以机器人和人类的界限，以及两者难以共存为主题的漫画，挺受研究机器人工学的学生欢迎。除此以外，还有艾萨克·阿西莫夫（Isaac Asimov）的古典科幻小说等。

看过这个书架的同学们纷纷给了好评："在这里找书很开心""有前所未有的收获"（河北新报报道）。对于这家史无前例的新型"书店"，学生们毫不掩饰内心的惊讶与激动。

我去拜访当天，BOOOK 店里为了纪念开业，还专门举办了一场幅允孝的对谈活动。现场有数十人参加了活动，包括学校的工作人员和社会热心人士。

用"冰上垂钓西太公鱼"的方式无法领会的魅力

活动中，幅允孝谈到了自己是如何为这家店选书的。他说："我不懂工学，但是我想跳出现有的图书排列方法做个尝试。"

"比如，在求职类图书区里常见的《如何填写应聘申请表》旁，尝试摆放一本谷崎润一郎的《文章读本》。在宇宙题材的书旁，搭配上宫泽贤治的书，或查尔斯（Charles）和雷·埃姆斯（Ray Eames）合著的《十的威力》（Powers of Ten）。《十的威力》探索了从无限大的宇宙世界，到极小的粒子世界之间的关系。这本书从十亿光年开始，按十分之一的比例逐渐缩短距离，观察世界成像的变化。为什么这样搭配？我是想让读者从阅读不知名的书中体会到乐趣。现在，获取信息的方式变得像'冰上垂钓西太公鱼'一样，钓鱼人看好一块冰面，打一个洞，垂下钓线，有鱼上钩后，再一下子把线拉上来。但是洞与洞之间却没有关联。我们只会在需要某个信息的时候用力凿个洞，然而冰面下的海洋其实是相连的。除了钓上来的鱼以外，那里还潜藏着各种各样的生物，无边无际。我们不能忘记这一点。"他说。

幅允孝经常把这个例子挂在嘴边。我们在亚马逊上网购其实就像垂钓西太公鱼一样。要想买到心仪的书，网购无疑是非常有效的方法。有些书出版一段时间后，在一般书店找不到，在旧书店也淘不到，最终却在亚马逊上买到了，这样的经历可能很多人都有过吧。这一瞬间，真要感谢互联网时代独有的便利。

但幅允孝要说的是，仅凭这样，根本无法触及书真正意义上的趣味，以及书所拥有的广阔而深奥的世界。

这是因为，读书与只追求效率和目的的行为不同，它没有明确的目的性。即使从中得不到一毛钱的利益，人们也会因为有趣而读书。这种心理作用与因为想要才买，或者在网上竞拍孤品是不一样的。想象一下，你情不自禁地走进书店，漫无目的地看着书架，意想不到地遇见某本书、某个书名，从而刺激了自己体内沉睡的好奇心和冒险心。幅允孝觉得，在这个时候伸手拿到的正是"适合"这个人的书。

"书会在一段时间后慢慢产生效力。做这件事可以瘦5公斤，像这样立竿见影的事，往往会成为人们生活中的优先选择。不过，书并不具有速效性，它明显是迟效性的工具。比如，当你失恋悲伤时，读书就可以让恋爱重新开始吗？非常遗憾，不可以。但是读书的好处在于，沉闷的心情可以在书的话语中得到化解，自己的情感可以和故事中的情感产生共鸣。我们可以从书中找到安放内心的地方，让自己松口气。虽然说'读各种书，体验书中的各种情感，就可以自我拯救'多少有点言过其实，但在现实中，我确实有好几次靠读书挺过了难熬的日子。在那个时刻，真是觉得读书太好了。"

作家古川日出男对书的迟效性也有过十分有趣的描写。他在 2011 年 3 月 11 日东日本大地震发生后这样写道：

"一时陷入了什么都读不下去的心境，只有宫泽贤治的文字还可以顺利进入我的内心。他真是'紧要关头显本色'的作家啊！可以说，书的作用总要滞后一些才能显现出来。很多人在事发的瞬间就能说出有用的话，做出有用的事，这当然是非常重要的。当时就捐出一亿日元的人，就是人们的希望。然而事发一年以后，整个世界似乎已经没什么可做了，书却开始发挥效力。书在 5 年后仍然可供阅读，10 年后也一样。"（《东京新闻》2012 年 5 月 19 日晚刊）

古川日出男出身于福岛县郡山市。当时，福岛县受到海啸侵袭，随之引发了东京电力福岛第一核电站的爆炸事故，造成了核放射污染，给当地带来了巨大损害。目睹了故乡的受灾情景，古川心中反复回想着宫泽贤治的话语、文章，感觉得到了拯救。只要有机会，幅允孝总会强调"书是迟效性的工具"，其实就是这个意思。

摆放一些并不高效的书

话题回到 BOOOK。幅允孝为了说明编排书架的有趣之处，谈到了村上春树的书。

"有一本书叫《1Q84》。在这本书旁边，通常可以摆放村上春树的其他作品。但我要放的是马塞尔·普鲁斯特的《追忆似水年华》和陀思妥耶夫斯基的《卡拉马佐夫兄弟》，还有雅纳切克的《小交响曲》CD。"

　　幅允孝提到的雅纳切克的《小交响曲》，是在《1Q84》的"BOOK1"开头登场的音乐。

　　＜出租车的收音机里播放着调频台的古典音乐。曲子是雅纳切克的《小交响曲》，坐在卷入交通拥堵的出租车里听似乎不太合适。中年司机好像也没有热心欣赏，他紧闭着嘴，仿佛老练的渔夫一样立在船头看着不祥的海潮交汇，只是凝望着前方排成长龙的车阵。青豆深深地靠在后座上，轻合双眼，聆听音乐。＞[1]

　　小说开篇，故事从播放着古典音乐的场景开始，而且还是出租车收音机里的古典音乐，这是引人入胜的导入。但即使不交代听的是《小交响曲》，读者也会自己想象那里播放的音乐旋律吧。而知道这首曲子的人，也许会将文章所描写的都市闭塞空间与音乐相叠加。村上春树精通音乐，对古典音乐也有独到的见解。读到此处，一定有读者感慨，"真不愧是行家"吧。

　　读过村上春树的《1Q84》的人，如果在书的旁边看到《小交响曲》CD，也许就会拿在手里吧。

　　雅纳切克是19世纪到20世纪捷克的代表作曲家之一

---

[1] 本段译文引自《1Q84 BOOK1》（4月～6月），村上春树著，施小炜译，新经典文化有限公司出版。

（出生地是匈牙利）。据说他的歌剧作品《死屋》，是以俄罗斯文豪陀思妥耶夫斯基的《死屋手记》为原型创作的。普鲁斯特的《追忆似水年华》是从某件事唤起过去记忆的故事，而《1Q84》则描写了过去的时代。可以说，幅允孝通过轻描淡写讲述的书和音乐，利用它们彼此相通的意象，达到了刺激读者的效果。

当天活动的主持人，仙台当地的调频广播电台女主播向幅允孝提问道："适合 BOOOK 的图书主题是什么？"

他回答："因为是大学生协，教科书和学术书籍当然很重要。但我想尝试的是，超出现有的院系、学科的教育框架，向外迈出一步。机器人工程学的专家也应该知道阿童木和普鲁图的烦恼，梦想成为建筑师的学生也需要读读《作家工作室》，思考住在建筑物里面的使用者的踪迹。与越来越深入、越来越狭窄的专业性学习相反，我思考的是如何从尽量多的角度，轻松愉快地展示图书。"

从书名的关联中能看出什么

听了幅允孝的话，一位年轻女性提问道："在编排书架时，对于'展现地方特色'您会考虑到什么程度？"幅允孝回答说："我非常重视地域差异，如果这里是冲绳，书架的编排自然会有所不同。"

"我的公司里有位同事是仙台人，他告诉我，'工学部在山上，我们平时从来不去那里'，所以我在编排书架时，就着意让工学部向外界敞开大门。比如，有一本山口瞳写的《礼仪入门》，我给学生们看了之后，大家都觉得非常有趣，说和就职研讨小组上学到的礼仪礼节完全不同。这大概是因为，这本书与以往介绍基本知识的书不同，是一本能帮助人们提升综合能力的书。"幅允孝说道。

另一位男同学问了书的排列方法。对此，幅允孝这样回答：

"我没有周密的设计图，分类标签也不是一开始就全部定好的。就算拿到了书目清单，看不到实物也没法思考。实际工作的时候，我都是一边打开包装，一边考虑把这本书和哪本书放在一起。其实，就是根据在现场的感觉来。听起来可能像是开玩笑，但确实需要到现场才行，不亲自用手去摆，不自己动手去移动那些书，就不会明白这种感觉。只凭一本书的书名，也许无法让人产生联想，但把多个书名连成一串，就能表达出有说服力的信息，一种独特的氛围便会显现出来。这种感觉我没法用语言表述明白，总之在现场工作是非常愉快的事。以前在书店工作时，我就很喜欢根据人的动线或当日的天气、时间等，考虑如何设计摆台等。我觉得书架就是应该根据具体的情况，不断改变。"

仅看一本书的标题可能不太明白，但如果把许多书名连在一起，我们就能发现其中的奥妙。书既是独立的单一商品，又不绝对是孤立的，它还可以与其他商品产生关联。而产生关联的方法也因人而异。当幅允孝看到这本书和那本书，会先在自己的心中进行形象构建，反复确认，实现突破和超越，最终创造出一个"世界"。其他人也会进行另一番构建吧。这是因为每个人的兴趣、关注点、好奇心都各不相同。

总而言之，光靠某一本自己感兴趣的书是不会有启发的，要通过书与书的相互关联，产生意想不到的触发和联想，才能催生出形象创新。正如幅允孝经常说的那样，仅通过把脚下的冰凿开一个小洞去钓鱼的"西太公鱼垂钓"法，是无法领会"知识的广博"的。冰面下的海洋是广阔丰富的世界，如果不尝试走进无穷尽的书海，必定无法认知这一点。这个道理与书架的编排是相通的。

直到 BOOOK 诞生

说起 BOOOK 的诞生，还要得益于东北大学校方的积极推动。东北大学生协专务助理伊藤大说："学校迎来了改建期，校方提出建一个可以一边挑选图书一边喝咖啡的休闲空间。我们生协也很想挑战一下，开一家不同于以往的书店。"

伊藤说，幅允孝的信息是从负责艺术指导的设计师那里得到的。后来伊藤看了电视节目《热情大陆》，再次确信："对，就找这个人"。

其实伊藤去东京出差时，就去过后文中提到的"BOOK 246"和"茑屋东京六本木（TSUTAYA TOKYO ROPPONGI）"。只是，当时他并不知道那些店都与幅允孝有关。

"我们去那些书店考察，也是为了借鉴他们陈列专业书籍的方法。如今，在科研领域，也出现了跨越学科界限的交叉研究。比如'医工学'就是一个很好的例子，它研究动手术的器械及人的皮肤。"

说这话的是东北大学生协工学部校区经理若桝恒太郎。既然学科都已经跨界了，开始互相关联，我们还要继续按照原有的专业划分方法来排列图书吗？若桝恒太郎不禁产生了疑问。

若桝说，某书店的店员看过幅允孝编排的书架后，在自己的博客里写下了这样一句话："我感到神经元的突触与突触之间发生了短路。"可见，看着这样的书架，着实让他感受到了知识的刺激。

背景是大学之间的竞争

小野田泰明是东北大学研究生院的教授，他对这家独特的咖啡书吧的诞生起到了重要的推动作用。都市建筑学专业的他曾参与设计、建造了作为各种美术及影像文化活动据点的仙台媒体中心（Sendai Mediatheque）、横须贺美术馆等建筑。

"如果把建筑比作电影，建筑师就是电影导演，而我的工作就相当于剧作家。"小野田说。

小野田的工作内容也可以说是在描绘整体建筑规划蓝图，学校特意邀请他参与校园的改建项目。

最近几年，大学普遍遭遇"内忧外患"，外受全球化竞争的洗礼，内有"少子老龄化"的时代现状冲击。东北大学作为国立大学，来自国家的各项补贴经费都有所削减，预算金额并不充裕。可以说，大学必须自己到外部筹集资金的时代已经到来。虽然现在东北大学还具有一定的竞争力，但是放眼未来，学校仍然有一种必须从现在开始采取行动的危机感。2007年，学校将50年前建造的礼堂改建成了音乐厅，又向参与改建的小野田提出了校园改建计划。

计划开始之初，校方告知小野田，学生自习的地方不够用。研究生和三年级学生有专门的自习室，二年级学生却没有，建议开发自习空间。

"只是摆上桌子，随意放一些纸杯，恐怕还形成不了'知性'的环境氛围。如果建成咖啡书吧的话，学生们既可以在那里学习，又可以喝咖啡，就像我们经常在星巴克等咖啡店见到的场景一样。如果开一家咖啡书吧，知识氛围等'软性要素'就会随之而来吧。"

为了挑选出能够运营知性环境的企业，工学部校区进行了公开招标。面对少子老龄化、学生对理科不感兴趣等不利状况，工学部必须想办法延续自身的吸引力，他们开始强化知性、精神愉悦等要素，同时也将其应用于提升员工福利待遇等方面。

"根据我在仙台媒体中心等项目中的经验，只要把条件都规划好，结果自然水到渠成，所以要尽最大努力把方方面面都做到位。"小野田表示。

著名家具设计师、滑雪场建筑专家，甚至连艺术导演都被请来，组成了专家团队。公开招标时则邀请了几家大型书店参加，最终结果是生协作为经营主体，负责咖啡书吧的运营。

运营书吧当然不是一件简单的事。于是，幅允孝进入了生协的视野，成为编排书架的不二人选。

开发学生潜能的钥匙

"这所大学汇集了非常有智慧的学生，他们很有潜力，但是让潜力开花结果的投资、计划却并不充分。为此，我想把咖啡书吧作为突破口，不断开拓他们的可能性。我希望和幅允孝共同构建一个空间，让学生可以体验理科的趣味及其与世界联通的魅力。我把想法告诉了幅允孝，得到了他的肯定答复，就有了这次合作。"小野田说。

"理科男"都很土。对于这种一般性认知，小野田无法苟同。

"建筑也好，电力也好，物理也好，都是令人兴奋、富有创造力的领域，很有意思。比如，当听到'车的CVC＝无级变速器，如何在减轻摩擦系数的同时完成制作'这样的话时，我觉得既知性又帅气。我想把理科的魅力展现给大众，想开一家能起宣传窗口作用的书店。"

为什么小野田如此执着于咖啡书吧？这是有原因的。大约20年前，小野田曾在美国UCLA（加利福尼亚大学洛杉矶分校）留学。那时，他经常去欣赏耶鲁大学康涅狄格州纽黑文的著名建筑和艺术画廊。

"那里就有咖啡书吧。我进去一看，发现客人们可以随意地把待售的书从架子上拿下来，一边喝咖啡一边看，当时很受触动。那是一家位于耶鲁大学街区的书吧，店内整面墙上都摆满了知识性的书。我觉得这种方式太棒了，就试着去询问卖场的女店员：'这个可以看吗？'她说当然可以。我真是从心里感到佩服，觉得这样的形式日本也应该做起来。"

为了让人们向知识敞开心扉，咖啡书吧的重要作用不言而喻。

"人们通过研究和实验把道理都弄懂了。但人除了要懂道理，还是身心都追求快乐的动物，一边喝着美味的咖啡，一边沉浸在摆满精选图书的知性空间里，就会感到愉悦。在这样的体验中，心会朝着不同于以往的方向敞开。说句有点俗气的话，喝着香醇的咖啡，在美丽的女朋友陪伴下学习，这样的体验，既能满足自尊心，也能有特别的发现。我在思路陷入僵局的时候经常去咖啡店，有些事一到那里就想通了。"小野田说。

在这样的场景中，需要从书架散发出一种能唤起人们好奇心的氛围。因此，普通的书架或常见的图书馆是不起作用的。对此，幅允孝在选择图书时，会在专业书旁边，放上几本人们平时不太会注意到的书。

"知道的事情越多，就越能深入理解幅允孝编排的书架，乐趣也就倍增了。我想即便是理科精英，也需要具备广博的知识和教养。这一点在开展国际共同研究项目上体现得尤为突出。我们在制定国际共同研究人选的名单时，最初会以某人的研究成果作为参考依据。然而，只凭研究成果还远远不够，此人的人品如何，是否理智，是否有趣，是否有好奇心，都会被"估价"。所以进入大名单以后，决定其能否成为最终人选的关键因素，还是作为人的灵活度。不管文科还是理科都是这样。"小野田说道。

创造自己的书架

2012 年秋天，距"咖啡书吧 BOOOK"开业已有两年半，我向伊藤询问了书吧的经营情况。伊藤是 2012 年春天就任 BOOOK 店长的，据他所说，受东日本大地震的影响，灾后一段时间客人数量减少，店铺陷入了经营困境。

好在最近生活恢复平静，客人也渐渐回来了。据说，现在的书架与幅允孝当初编排的，已经有了变化。

"每天、每个月都会有各种各样的新书到店，我们也会收集顾客的需求，根据大家的建议适当调整书架。当然，我们一直沿用着幅允孝先生留下来的编排方法。"以专业书为例，以前是化学类图书放在化学的书架上，数学类图书放在数学的书架上，材料类图书放在材料的书架上。现在则不是，有关联的书会被放在一个横排上，不受体裁和种类的限制。

"有时候我们还会在化学书旁边放上一本哲学书，最近还经常用关键词把书关联起来。"

"2012 年夏天，荒木飞吕彦的人气漫画《JOJO 的奇妙冒险》的展览会'JOJO 展'在仙台市举行。当时，我们以漫画中出现的'黄金比例'为关键词，把与这个词有关的书都摆上了书架。

"我们并不想把这里变成幅允孝先生的'书架作品展'，所以我们按照自己的需要，对他的编排思路进行了解读和发挥，在专业书之间放置了内容、风格不尽相同的书。我们不想因为这里是理科院系，就只放理科类书籍，而是希望光顾这里的人们能够接触、认知到人类智慧的广度和深度。"伊藤说。

BOOOK 并没有原封不动地照搬幅允孝的设计成果。透过这些以专业书为主的书架，可以感到他们正按照自己的方式，灵活地运用着幅允孝的编排风格。

覆盖了餐厅一整面墙的书

[布鲁克林珀拉新宿餐厅]

在面向东京新宿的主干道——新宿大街上，坐落着时尚大厦 Maruiannex。2009 年秋，在这幢大厦的地下一层，一家名叫"布鲁克林珀拉新宿（Brooklyn Parlor Shinjuku ）"的餐厅开张了，这是一家可以举行现场演出的餐厅。

推开大而厚重的店门，是容纳了 150 个座位的广阔空间。店里面还设有杂志架，上面摆放了不少国内外的知名杂志。

从入口处望向店内，最引人注目的是右首一面"顶天立地"的书架墙。它从收银台一直延伸到店的另一头，长约 15 米，有着压倒性的存在感。书架是木制的，削凿的痕迹和钉孔自然裸露。可以看出，它是利用废材加工而成的。可就是这种天然不加修饰的感觉，却散发出一种放松闲在、不装腔作势的气氛。书架面前放着四张大木桌，有客人正在那里翻杂志、看书。

书架上摆着各种类型的书和写真集，一眼看上去蔚为壮观。店内藏书约有 2500 册，喜欢的话也可以买走。

在这里，书的分类方法不同于一般书店，它不按单行本、文库、新书、漫画、绘本、写真集等划分，也不按主题划分，而是根据"独特的短语"（分类标签）做分类。

比如，"有关恋与爱的话题""女人的生活方式""男人的生活方式""做运动吧""世俗""家里的东西""美国这个国家""去旅行吧""身边的科学""想来想去""喜欢历史""家人和我""工作吧"等等。

只要是从这样的短语联想到的书籍，不管是小说、漫画，还是写真集，都被排列在一个隔断里。所以，在同一个隔断里既有新书，也有单行本或文库本，还有漫画，就连通常需要装进函套里的大开本写真集也被并排放在了一起。这些书的高度参差不齐，还有的封面朝外摆放着，让书架富于变化，具有动感。

让我们来看一些根据"独特的短语"划分的书目吧。

比如"有关恋与爱的话题"部分，有《色情主义》（乔治·巴代伊）、《了不起的盖茨比》（斯科特·菲茨杰拉德）、Pink（冈崎京子）等。

"喜欢历史"的书架上，可以看到《玫瑰之名》（翁贝托·艾柯）、《战后情色漫画史》（米泽嘉博）、《天亮之前》（岛崎藤村）、《大奥》（吉永史）、《方丈记》

（鸭长明）等书。

这里既有我们以前读过的、知道名字的书，也有前所未闻的书和写真集。它们是怎么跟这些"短语"连接的，似乎并没有清晰的答案。只是，把这些乍看起来理不清脉络的书集中在一起来读，头脑便不可思议地受到某种刺激，涌现出各种各样的想法和灵感。这种感觉就好像脑袋里面被什么搅拌了一样。

在普通书店，几乎没有像这样"打破原有分类框架"的排列方法。它们通常是按照书的类型、种类或出版社来分类排列的。这种排列方法最大的欠缺是趣味性不足。

店名中的"布鲁克林（Brooklyn）"是纽约的地名。纽约由五个行政区组成，布鲁克林是其中之一。这里是和东河（the East River）（流经曼哈顿岛东部）、纽约湾以及大西洋接壤的区域，以前美国棒球大联盟的道奇队以这里为本部，自称"布鲁克林道奇队"（现为洛杉矶道奇队）。作为纽约的市中心区，这里过去是工厂集中的工业区，不同种族的人聚集在这里生活。

"我们想打造一个弥漫着复杂、混沌氛围的店面。"布鲁克林珀拉新宿店的经理松内孝宪说。

可以轻松享受的文化

　　布鲁克林珀拉新宿店由日本蓝音符爵士乐俱乐部（Blue Note）经营管理。这是一家享有很高知名度，经常组织国外艺术家进行公演的俱乐部，位于东京南青山的"蓝音符爵士乐俱乐部东京店（BLUE NOTE TOKYO）"也由他们管理。

　　日本蓝音符爵士乐俱乐部的主要业务就是运营现场音乐演出的餐厅，客人在规定的时间内，可以在餐厅里尽情观看现场表演，欣赏音乐演奏和享受美食。俱乐部经常邀请国外顶级艺术家来店，因此这里颇受音乐爱好者青睐。但是经营者也发现，对于非音乐爱好者来说，这里的吸引力似乎还不够。

　　"让人们更加轻松地享受文化，是我们的初衷。在思考美食和美酒需要搭配什么'精神食粮'时，我们最先想到的就是书。"松内说。

　　松内觉得，书自身拥有丰富的内涵，人们必定从中有所收获。

　　"书架可以帮助我们营造出与一般餐厅不同的氛围，从这个意义上说，它起到了室内装饰的作用。而且，就算是那些平时不看书的人，看到店里有书，也会想要逞逞强拿一本看看。"

　　这家店开业已经三年。据说开业之初，这里总被误以为"是家图书馆",客人们也感到摸不清头脑。松内说,到了第二年才总算被人们了解、认可。可见,它确实风格独特。

这家公司的企划制作及公关负责人佐佐木香奈子告诉我:"平时,有的客人会在大桌子上摊开设计图纸工作,也有的一整天都坐在那里洽谈。形形色色的人,有意无意地共处在这个空间里,没有任何紧张或不自在的感觉。爵士乐俱乐部通常给人不适合进餐的拘束感,但布鲁克林是自由的。"

据说,他们之所以为这家店取名"珀拉(Parlor)",就是想赋予这里与众不同的形象,即可以在好书、美食、音乐演出里"泡上"一整天。

"幸福的事故"

蓝音符爵士乐俱乐部对于图书并不精通,他们需要借助外部力量,于是幅允孝的名字便浮现了出来。

"起用幅允孝先生,不仅因为他是编排书架的专业人士,更因为他和我们的工作思路一拍即合。"佐佐木说。

佐佐木表示,他们设想的是打造一家客人信步走来,就能听到好音乐,读到好书,收获到惊喜的"偶遇型"店铺。客人光临传统型店铺通常是带着明确的目的，在既定的时间里，一边享受美酒，一边面对面地欣赏艺术家的现场演出，这就是"目的性"很强的店。而我们这家店则把重点放在了"偶然性"上，图书正是象征这一特点的物品。

幅允孝在谈及自己的工作意义时，经常强调"引发幸福的事故"。所谓"幸福的事故"，就是让一个人意想不到地遇到适合他的书。这种"事故"就是，无意间走进书店，恰巧遇见了适合自己的书（甚至是改变人生的那一本）或意料之外的珍贵事物，是积极层面上与能给人带来巨大冲击和感动的书相遇。这就是"幸福的事故"，也是说明"偶然性"的典型例子。书店必须成为制造这种"邂逅"的场所。这种与未知的"邂逅"是亚马逊上所没有的，也正是书店独有的魅力。

幅允孝说过："无意间发现的一本书，好像也会为你引来另一本书。就像波纹和波纹之间会相互碰撞一样，兴趣和兴趣也会不断连接在一起。我觉得这就是不断认知事物的喜悦吧。"

佐佐木认为，幅允孝所编排的书架，其魅力之一就在于，畅销书、名著的"存在形态"与其他书店不同。以畅销书为例，书店为了让更多的读者购买畅销书，往往会把它们码放得比其他书更高，或者摆放好几排，占据更大的空间。幅允孝并不想这样"强行"推销，而是不管畅销书也好，非畅销书也罢，力求让它们不着痕迹地"共存"。

书的存在形态

说起来，一个是以书为主要商品的书店，一个是把书和食物、美酒、音乐活动等元素合为一体来定位的布鲁克林珀拉，这两者是不好简单类比的。

然而，佐佐木所言的"书的存在形态"，依然能带给我们重要的启示。也就是说，不同的编排方式，会让书呈现出完全不同的"面貌"和"表情"。

继开在新宿的布鲁克林珀拉之后，2012 年 4 月，日本蓝音符爵士乐俱乐部又在福冈市博多开了另一家店——"布鲁克林珀拉博多（ Brooklyn Parlor Hakata ）"。在新宿店已经站稳脚跟，拥有一批忠实的老顾客之后，日本蓝音符爵士乐俱乐部开始谋求新的发展。

但是新店为什么开在博多？

佐佐木说，开张时也有很多人问她："为什么不是在大阪或名古屋？"

她给出的回答是，福冈县是个性化艺术家和名人辈出的地方，这是在博多开店的一个主要原因。音乐家井上阳水、松田圣子、Checkers、郁金香，以及艺人 TAMORI 都是福冈人。

"说起来，这里既是文化的发祥地，也是文化交流活跃的地区，我们觉得这在某种意义上和布鲁克林具有亲和性。刚巧就在这时，我们收到了开发商的开店邀约。"

博多其地

布鲁克林珀拉博多店里有一个书架的主题是"那些和九州有关的人"。对此，佐佐木这样解释：

"新宿店里，我们放了许多和'布鲁克林'有关的书：有解读什么是"布鲁克林"的，有介绍出生于布鲁克林的电影导演伍迪·艾伦（Woody Allen）及音乐家鲁·里德（Lou Reed）生平的，还有创作了众多以布鲁克林为背景的小说作品的保罗·奥斯特（Paul Auster）的。然而就博多店而言，我们不想生硬地强调'布鲁克林'几个字，而是想凸显九州、博多的地理位置，在此基础上编排充满'布鲁克林'感觉的自由、快乐、五花八门的书架，这样不是更好吗？

"在杰出艺术家辈出这一点上，博多与布鲁克林很相似，我们希望大家重视这个地方的特点。我们还在店里摆放了戴墨镜时的塔摩利[1]的书，以及久留米的方格子乐团

（The Checkers）的书。看到这些，像我这样从外地来的人就会发出惊叹，'哦哦，原来九州是这样的地方啊'，从而对这里产生兴趣。当地人也会饶有兴致地阅读介绍福冈的旅游书、咖啡店指南等。

"这都得益于幅允孝所编排的书架，它们充分展现了九州和博多的魅力。这大概就是书架编排的力量吧。"

博多店吸引了男女老幼各年龄层的客人。有年长的妇人来寻找绘本，有要去博多座 [2] 而顺路来店的老夫妇，他们是想寻找与福冈有关的小说家的书。

看着他们，佐佐木不禁感慨："书架可真能让人兴奋哪。"博多店虽然比新宿店小，可据说书的销量却更大。

"引进反映当地风土人情的书，让当地人都来支持这家店，是我们开店之初就设想好的。尽管如此，我们并没有具体要求幅允孝先生选择这方面的书，而是请他以书为媒来诠释我们的理念。事实上，我们提出的思路和方案通过他选的书——得到了落实。我们作为经营者，也有了新的发现。"

---

[1] 塔摩利：日本男性搞笑艺人，广播电视节目主持人、演员、歌手等。本名森田一义。他出场必戴墨镜，主持过《笑一笑又何妨》、*Music Station* 等很多经典娱乐电视节目。
[2] 博多座：位于福冈市内的剧场。

音乐、DJ、书

对于布鲁克林珀拉店内的书，蓝音符爵士乐俱乐部的态度是，只要销售额不是负数就好。店里的盈利支柱始终是饮食，营造出一个与音乐、DJ、好书共存的就餐空间才是最重要的。

追求图书销售额的店，一定不会把书摆成布鲁克林店里的样子吧。完全卖不出去虽然不行，但只要保持一定的销售额就很满足了，只有对书的定位是这样，选书时才能不向流行和畅销书妥协，而是去选择那些想让人们拿起来细细阅读的书。

2012 年 5 月 22 日，幅允孝在布鲁克林珀拉新宿店自己设计编排的书架前，举办了 DJ 风格的活动。客人们在店里惬意地享受美食，而幅允孝则精心挑选了音乐，还现场为大家朗读了一段诗歌。

他先请大家连续欣赏了爵士乐和流行歌曲，从约翰·柯川（John Coltrane）开始，既有说唱音乐，又有保罗·西蒙（Paul Simon）的歌曲。大约 10 首歌曲后，幅允孝开始朗诵。那天，他选择的是诗人田村隆一的《美丽的断崖》。田村隆一是诗歌杂志《荒地》的主创成员，他对日本战后的诗歌发展产生了巨大影响。

无论在哪里都能看到美丽的断崖

法国哲学家如是说

而我

却连断崖都没看到

水平线和地平线

尼泊尔的草原上

月亮在东边

太阳在西边

我的心

已被那充满平静的景象夺走

美丽的断崖不会为我呈现

幅允孝朗朗的诵读声在店内回荡着。很多客人停止交谈，把视线投向了幅允孝所在的舞台。在餐具触碰的轻微响声和客人时断时续的低语声中，他继续读诗。

在蓝音符爵士乐俱乐部东京发行的免费报纸上，幅允孝谈到了这次现场活动。"比如，我们一定都这样想象过，读这本书时，如果能听到这样的音乐就好了。或者，在这本书所描绘的世界里，一定会有这种声音吧。我非常希望能和大家一起享受这种将'声音和书中的词句'连成一体的体验。"幅允孝说。

不是把读书这件事封闭在一个人的时空里，而是把它展现在日常的生活空间中。希望大家能通过在同一时空里的共同体验，感受书本的魅力和词句的力量。

幅允孝说道："我的工作是'制作与空间相匹配的书架'。我除了要编排新出版的书，还要不断挖掘被埋没的好书，以及把那些看似无关，实际上却存在某种关联的书找出来摆放在一起。比如，在哲学书的旁边可以放漫画，这就是所谓的编排书架。选择音乐的方法也是这样，用爵士乐搭配古典乐、嘻哈，用日本演歌搭配民谣，抛开那些约定俗成的分类标签，把自己爱不释手的音乐一首首连接起来。这就是我的工作方法。在这次活动上，我希望向客人们传递一种差异化、混搭感，或者说展现出选择范围上的广度。为此，我可算是绞尽了脑汁呀。"

在幅允孝完成的各种场所的书架编排工作中，东北大学工学部生协的书架是相当有趣的案例。

首先，它是高等学府里的书店，而且与一般书店不同，是以理工类专业书籍为中心，要突出专业性；其次，委托方的目的恰恰是扩大学生们的视野，避免他们陷入过于专业的局限中。从以上两点，我们似乎看到了现代教育遭遇的发展壁垒。

对于平时在学校里花费大量时间做研究的理科生来说，幅允孝设计的书架对他们产生了积极的冲击效果。"找书是一件愉快的事""我收获了前所未有的发现"等来自学生们的反馈，也出现在了当地的报纸上。从这个意义上来说，东北大学的尝试是成功的，最初的目标已经实现。

之所以能够开创这样的书店，是因为校方有校区改建这一宏大的构想，并且有意打造突破传统模式的书店，尝试之一便是打造"咖啡书吧"这种风格的书店。

这种咖啡书吧的另一个例子就是布鲁克林珀拉。它是正规的咖啡餐厅，拥有极具震撼力的书架。毫无疑问，开业四年半以来，它已经牢牢抓住了顾客的心。餐厅里巨大的书架让客人能够零距离接触到宽广而深邃的图书世界，堪称业界先驱。布鲁克林珀拉今后的发展无疑值得期待。

幅允孝编排的书架所发挥的一大作用，就是把书带入各种性质迥异的领域。可以想象，如果只是按照通常的分类方法把书架填满，放置在某处，可能并不会吸引多少人关注吧。也就是说，书的存在并不是全部。只有当人们理解了书所释放出的信息，以及书展现出的世界观，才会对书架产生兴趣，也才能清楚地听到书发出的声音。

第三章

通风良好的书架

新型书店的样式

不断增加的咖啡书吧

最近，"有书的咖啡店"在街头巷尾不断增加，杂志上各种介绍咖啡书吧的报道专题也越来越多。

有的在店里放些旧书，把它作为室内装饰的一部分，也有的把咖啡店和新刊书店合二为一。有趣的是，这些店并不走星巴克、塔利、罗多伦等连锁路线，也不同于过去的咖啡馆，或许把它们叫作"第三类咖啡店"更合适吧。这类店铺以"独立系""个性派"的创新型居多。

这些咖啡书吧的位置也不限于繁华街道或商业街。它们有的在小巷深处，有的在沿住宅街流淌的小河边上，有的在建筑物地下等。还有的咖啡书吧连块显眼的招牌也没有，静悄悄的，好像一间普通的民居，只有爱它的人才知道它。可能这种感觉也很不错吧。

毫无疑问，"有书的风景"正在不断扩展到各种各样的场所。在能饮酒的咖啡酒吧里，也理所当然地摆放着书架。那里虽然不能称为书店，但书作为店里的装饰，也存在得理所当然，并且营造出了独特的空间氛围。

只是，这些店依旧以喝咖啡为主。这里的书不能出售，通常是作为室内装饰物，或者作为凸显格调、个性的陪衬物而存在。

另一方面，开始兼营咖啡的书店也慢慢多了起来。

其中就有东京堂书店。这是一家创业120年的老字号书店，位于日本首屈一指的知名书店街东京千代田区神田神保町。2012年，这家书店进行了创业以来最大规模的卖场改造，重新开张后变成了一家咖啡书吧。

在书店的临街一侧，从一层到三层都是咖啡店的区域，名为"纸袋咖啡"。店内灯光稍暗，内饰是雅致而沉稳的茶色系，营造出适合成年人的书店氛围。

窗边是吧台座位，为了满足用电脑工作的客人需要，还安装了插座。这些座位似乎相当受欢迎，白天总是座无虚席。

多年来，东京堂书店一直以书籍品种齐全而受到爱书人士及作家的好评。这家书店既不太大，也不太小，在规模适中的书店里很受欢迎。如今，作为咖啡书吧重张开业，也很值得关注。

传说中的咖啡书吧

[茑屋东京六本木]

说到咖啡书吧的先驱，当属位于东京六本木大厦的"茑屋东京六本木（TSUTAYA TOKYO ROPPONGI）"，这是一家 2003 年开业的大型咖啡书吧。

从森大厦沿着朝日电视台前的榉坂坡道下行，有一条宽阔的大马路与之交汇。茑屋东京六本木就坐落在大道右侧的拐角处。书店临街的一面墙上都嵌满了玻璃，一直延伸到房顶。大楼的前面是一块平地，入口处有家星巴克，再往里走就是书店。在星巴克柜台前的一块圆形空间里，摆放着桌子和杂志架，客人可以一边喝咖啡，一边随手翻看杂志。

而书店卖场里，单行本、文库本、新书、写真集、美术书、建筑相关的大开本图书，还有绘本、漫画都摆在一起，远远望去，整个书店错落有致，浑然一体。所有图书的摆放顺序不是按照体裁，而是主题优先，单行本、文库、写真集、绘本、漫画都被放在同一个架子上。

因此，人们一走进店内，就感觉到整体氛围热闹而活跃，和普通书店给人的印象完全不同。这种咖啡店和书店一体化的组合方式，正是造成咖啡书吧与一般书店氛围不同的主要原因。

茑屋东京六本木店开业已有十几年，作为咖啡书吧的代表，它是一家带有"传奇"色彩的书店。

为这家书店编排书架的正是幅允孝。

他当时在一家叫"J.I."的编辑制作公司工作。如后文所述，这家公司的老板石川次郎作为 *Popeye*、*BRUTUS* 的主编，在业内享有很高的知名度。石川在茑屋东京六本木书店项目中，担任企划及选书工作的负责人。他任命曾在六本木书店工作过的幅允孝来主持工作。最终，需要编排的图书册数达到了惊人的 15000 册。将如此大量的图书按照分类标签进行编排，其难度超乎想象。

这些书包括小说、纪实文学、单行本、文库本、新书、写真集、杂志、漫画等，每个类别都内容丰富、包罗万象，作者也分为日本作家和外国作家。

然而，幅允孝编排书架所使用的并不是上述分类法，也没有按照政治、经济、文学这样的类别来划分。

幅允孝选择的是以恋爱、美食、宇宙、自然、冒险等更贴近人们生活的主题来作分类标签。同时，他还按照这些主题，把内涵和外延与之相关的书、杂志、写真集等都归纳到一起。这不仅需要海量的书籍知识，而且排列、展示这些书的设计品味也必不可少。

"不只是挑选图书，把它们摆到书架上，而是通过编排，让'每一本书'都在书架上完成最耀眼的表演，同时还要对卖场广告、签名计划等视觉传播领域通盘考虑。如果做不到这些，恐怕谁也不会去碰那些书。"幅允孝说。

试想一下，如果你在自己的书架前"编排图书"，会怎么做呢？挑选哪本书，与哪本书组合？如果只是凭空设想，你可能会觉得这个过程很有趣，然而，每本书都有不同的侧面和特点。分类标签越多，图书组合、分类的可能性就越大，收集归纳的难度也会成倍增加。书的绝对数量越多，编排书架的要点就越分散。

一本书，使用其中的哪些要素、哪部分内容，赋予它什么形象，把它摆放在哪里，这样的工作虽然操作起来很有意思，但毕竟书目数量巨大，不难想象这项工作的困难程度。幅允孝和同事们齐心协力，花了两三周的时间，终于完成了茑屋东京六本木书店书架的整体架构，而书的选择和调配，据说则耗费了半年以上的时间。

不过，艰辛的付出也换来了巨大的反响。从销售数字上就能窥见一斑。

心情舒畅

茑屋·特许连锁事业本部商品部漫画商品供应组组长伊仓奈夕说："这家店的销售额实现了既定目标的130%，客单价是其他店的 3 ~ 4 倍。"

据说，达到这一效果的原因之一是"店内的舒适感"。

去过茑屋连锁书店的人都知道，一般街头的茑屋同时设有 DVD、CD 出租和书店两部分，卖场空间很有限。但是，茑屋东京六本木与其他店完全不同。

这家店充分发挥了临街拐角的地形特点，将店面设计成半圆形。在店铺前留出广阔的空间，做成了开放式的咖啡店。店内卖场面积很大，也许是得益于空间的曲线造型，让人感到店内的氛围很柔和。顾客还可以在摆放着桌子和沙发的区域内，轻松地喝杯咖啡或饮料。有些客人会把书和杂志拿到桌子上阅读，那些都是书店里的商品。

这正是茑屋东京六本木和其他书店大不相同的地方。因为咖啡、果汁等饮料有可能洒到商品上，造成损坏，所以在一般的书店里，原则上不允许在进食时翻阅作为商品的书或杂志。

最近，以茑屋连锁店为代表，允许客人把未付款图书带入咖啡区的书店，已在不断增加。然而，茑屋东京六本木在开业之初就采取这样的经营方式，着实需要勇气。伊仓表示，他们几乎没有遇到过商品被污染、损坏，让人为难的事情。一旦顾客被赋予一定的自由，他们也会相应地谨慎行使它。

自由地把商品从书架上拿下来，自得其乐地边喝咖啡边翻阅，这样的书店，对顾客来说很有吸引力。这种自由度，似乎可以为顾客尽兴选书助一臂之力。就算平时不怎么读书的人，也会被店内开放的氛围所影响，在图书杂志间浏览一番，或拿起一本翻上几页。

客人消费是其他店的 3 ~ 4 倍

营造店内氛围还要靠书架的魅力。

关键词是"旅行""食物""设计""艺术"。把这些要素融合在一起，无论怎样分类，都令人兴奋。

在"食物"区，看到一本宫泽贤治的《要求特别多的餐厅》被不显山不露水地摆在那里，我情不自禁地向它伸出了手。平时已经遗忘的记忆开始复苏，我又惊喜地看到放在它旁边的书和写真集，想象力又被刺激了一下。我的心随之温暖起来，感到心情放松，灵光一闪，瞬间有了灵感，不由自主地一拍大腿，"原来如此"！我站在书架前，欣赏着封面、封底、书名、插图、照片等，内心默默感叹"啊，还有这样的书啊"！陶醉在这样的时间里，心情也变得轻松了许多。

那，其他书架又是什么样的？摆放了些什么书？我从这个书架徜徉到那个书架，拿起这本书欣赏一下，又翻开那本书品读一番，时间在不知不觉中流淌着。这种感觉，在普通书店很难体会到。我这才意识到，漫步在书本和激发灵感的写真集中间，原来能让人这么舒畅。同一本书，不同的摆放方法，让我的心情完全不同。

茑屋东京六本木开业几年后，我和家人（妻子和女儿）一起光顾了这里。她们母女俩一会儿看看那边的书架，一会儿又埋头阅读这边的杂志，感觉已经忘了时间。最后，两人各自抱着好几本书和杂志走向了收银台。只要书架能给我们带来乐趣，逛书店就成了一件令人十分开心的事。顾客待在书店里的时间变长，购买欲望也会随之提升。正如伊仓所说，这里的客单价是其他店的3~4倍。对此，我有了切身的体会。

为什么会这样呢？也许是因为我们根据文字、照片等信息，受到了知识的刺激吧。这么一说，难道在其他书店不是这样吗？对于其他一般的书店，即便人们进去买自己需要的书，但停留在那里时却没有什么兴奋的感觉。所以说，并不是只把图书排列、摆放好就完事了。

要说这家书店有哪里不同，那就是图书的分类和排列方法。这也正是幅允孝编排书架的要点所在。

联想呼唤联想

比如，我们要寻找一本做菜的书。刚好这里有一本介绍意大利面制作方法的。翻开一看，一张意大利面的照片占满了整个版面，看上去很美味。在这一瞬间，人们便会产生各种各样的联想。

从意大利面联想到意大利，想到那里海产品丰富，还有地中海和爱琴海，触手可及的希腊、神殿、神话世界、拉丁文化、意大利民谣、文艺复兴、罗马、《罗马假日》、恺撒、白色房子、蓝色大海、太阳、意大利电影、足球、意大利浓缩咖啡……这些事物或元素都可能被人们想到。虽然这些都是司空见惯的联想，但我们依然可以发现，从意大利面可以派生出相当多的事物。如果有更充裕的时间考虑，这个范围还将进一步扩大，数量也会增加。

当然，平时我们不会一件件地罗列它们，不会逐个去思考，也不会按顺序去回忆它们。但是在某种契机下，它们会一个接一个地被联想起来。

所谓的契机，就是我们碰巧看到的这本介绍意大利面制作方法的料理书。而引出契机的词句，可能是意大利，可能是爱琴海，也可能是电影《罗马假日》。

因为某个词句，我们调动起沉睡在自己体内的记忆和情感，因为看到某本书的标题、装帧，我们又唤醒了自己对旅行的憧憬和回忆。与此同时，我们还在无意中瞥见了另一本书或写真集，内心对文字和历史的关注、向往瞬间又被点燃了。于是，兴奋的构图在头脑中不断放大。如果用语言来描述站在茑屋东京六本木书架前的感受，大概就是这样的吧。

茑屋交流推进室宣传组的大城莉说，之所以客单价能达到其他店的3～4倍，是因为这里的环境不仅满足了爱好文字阅读的顾客，也让"想看漫画和文库本的顾客们觉得很舒服"。

"书的排列和选择并不难。这里的很多书（比如建筑类）也算不上高级。也许是因为各方面都恰到好处，所以顾客们可以轻松挑选、购买吧。"大城继续说。

幅允孝不仅精通日本图书，对西洋书也很了解。据说，他的专业知识涵盖了德国、英国、美国等多个国家。而且，不仅限于图书内容，对在哪里能买到什么书，他也非常在行。

"我熟知哪些是畅销书，对长销书也很了解。我们希望更多的人能够在这里感受到愉悦。因此，在图书的排列方法上，我们会把握好平衡，力求中立。条件设置得越细，就越能取得平衡。"幅允孝说。

身为书迷，选书时往往容易陷入偏颇，这是不行的。要保持通俗性的水准，让更多的顾客对各种各样的主题产生兴趣，从专业书到漫画，进行广泛的收集，让每个书架都形成一个"世界观"。幅允孝在这一点上，似乎有着很好的平衡感。

"作为商业项目的商业性，作为生活提案型书店的书店理念，以及整体设计，幅允孝把这三大课题很好地结合在了一起。"大城这样评价道。

正是茑屋东京六本木的这个项目，使得幅允孝的名字开始广为人知。

旅行书专卖店

[BOOK246]

"心情很好，没有压迫感。"

有人这样评价过幅允孝编排的书架。这个人就是幅允孝脱口秀活动的策划人氏原茂将，他还是埼玉县川口市立影像信息媒体中心"Media Seven"的负责人。

作为事例，氏原向我介绍了位于东京南青山的书店"BOOK 246"。

氏原说："去逛神保町的书店，才两分钟就热得让人待不下去。而 BOOK246 则不同，这家书店完全没有强加于人的感觉，让人很舒服，是一个不紧不慢地为顾客推荐书的地方。"

被氏原形容为"心情很好"的 BOOK246，是一家旅行主题的书店，于 2004 年开业。它的特点是把与旅行相关的书按照亚洲、北美、南美、欧洲几个大陆来划分。这里不仅有新发行的书，还摆放着二手书，同时也出售文具、杂货等。

BOOK246 的地点在东京港区南青山一丁目，位于青山大道（通称"246"）上的青山双子大厦背后南侧。

这是一家小书店。走进店里，首先看到的是一个平台，里面的架子上摆着成排的书。店内天顶较高，空间虽然不大却给人以充实的感觉。里面灯光偏暗，以茶色系为主色调，是一个安静的空间。说来有趣，凡是有个性、有魅力的书店，从外观和进店瞬间所感受到的氛围就能分辨出来。而那些以新刊为主，书架上密密麻麻摆满委托代销图书的书店，则大多让人感到乏味，有这种感觉的人应该不止我一个吧。

那些长期以来受到读者欢迎和认可的书，那些虽然不畅销却是作者花费许多时间调查写成的书，那些编辑们精心编审制作的书，都有着不可思议的妙处。并不是它们的书名、装帧、用纸比其他书更讲究，而是因为那些持续被读者花费时间阅读的书会释放出独特的"气场"。

在 BOOK246，我的手不由自主地伸向一本又一本的书。我拿起美国作家杰克·凯鲁亚克（Jack Kerouac）的《在路上》的文库本，这本书以第二次世界大战结束后不久的美国为舞台，描写美国年轻人带着无处发泄的冲动、愤怒和忧虑，环游美国的所见、所触、所感，是一本"游记文学"。

之所以选择这本《在路上》，我完全是被它的装帧吸引的。在封面深蓝色的背景正中，画着一块大大的汽车旅馆招牌，上面写着"SUNBEAM"。招牌下面，好像建筑物模样的剪切画，以及椰子树和街边树模样的图画被拼贴在一起。书名《在路上》三个白字醒目地印在左上角。

看到这个封面的瞬间，我便毫无理由地发出了"啊，真好啊"的感慨。这是不折不扣的美国味儿啊！所谓的"买封面"，说的就是我吧。我明明已经一把年纪，却还会像高中生、初中生那样冲动消费。不过，因为被封面吸引而购买，也是书这种商品的有趣之处。书的内容当然也有魅力，但最令人一见钟情的还是它外在的那张"脸"。

这些个性化的旅行书，按地理区域被分门别类地摆在了书架上。仅仅是远远望上一眼，就激起了我旅行的欲望。就算没时间去国外或长时间旅行，拿起书来幻想一番，也是一种享受。结果，那天我一口气买了好几本。

与体验结合的书

与幅允孝一起参与创立 BOOK246 的还有一个人，他就是著名的自选书店先驱者，"UTRECHT"的法人代表江口宏志。

在 BOOK246 的选书工作中，幅允孝负责新出版的书，而江口负责自费出版、稀有图书等独立出版的书。

江口说："正因为有大书店的存在，才有像BOOK246这种小型书店的生存空间。重要的是，它要与大书店形成差异化。"

江口从明治大学经营学部毕业后，曾就职于某直销公司。他在那里的工作体验和在BOOK246等自选书店有着共通之处。

"要问在直销公司，我们最先决定的事情是什么？答案是卖什么商品。就书店而言，我们的工作就是，把要卖的书清清楚楚地展示给读者。这种在其他行业看来理所当然的事情，现在的很多书店却做得不够好。所以说，把书店要卖的书以通俗易懂的方式展示给读者看，这就是我们的工作。"江口说。

当然，书店和经销商也做了很多努力。

"只是，我不知道他们的努力传达给顾客没有。按理说，买方不应该是这么显眼的角色。书的制作者和消费者完全顺畅地对接在一起，这是最好不过的。但遗憾的是，这样的理想状态没能实现，于是就形成了必须依靠存在于两者之间的买手尽力协调的局面。"

江口还说，他不太喜欢"编辑书架"这个词。

"虽然'编辑'这个词最近被频繁使用，但我觉得从编辑只能生出编辑，而实际上我们希望达到的却是'青出于蓝而胜于蓝'的效果。我总认为，如果把自身的体验和书结合在一起，就能引起顾客的共鸣。幅允孝就做到了这一点。即便只是书中的部分内容，只要有自己喜欢的地方，就可以用来加以描述，同时也可以借此介绍出版社。"他说。

书与书之间

还有一个人和我一样，被 BOOK246 的书激起了旅行的欲望，他就是建筑家中村拓志。中村出生于 1974 年，与 1976 年出生的幅允孝是同代人，和氏原的年龄也相仿。

中村从明治大学理工学研究生院硕士毕业后，就进入了隈研吾建筑都市设计事务所工作。2002 年，28 岁的他自立门户，相继获得日本建筑家协会奖、新建筑奖等多个奖项，是一位势头强劲的年轻建筑师。

后来，中村与幅允孝共同合作了好几个项目。不过，中村第一次到访 BOOK246 时，还不知道幅允孝这个人。

"仅仅凭借图书的排列摆放，竟然就能让旅途的风景历历在目。当你看到讲述各地历史风景的书，会想到什么？我感到旅行的魅力已经从书里渗透出来了呢！所以当即在这里买了四本书和一件 T 恤。买完以后我的心情特别愉快，简直是欢欣雀跃，激动不已。我觉得这就是购物的乐趣啊！"中村说。

中村当时还从书架的编排上窥见到选书人的智慧，"我似乎可以看到书与书之间连着无形的线，甚至是环环相扣的锁链。"把各种书不假思索地随意堆放是无法形成这种效果的，因为书与书之间自有其脉络。

中村告诉我，幅允孝在 BOOK246 项目之后，又经手设计了东京原宿的"Kurkku"书店项目，实力更加精进了。

"小说、漫画、菜谱等各种书组合在一起，让人只是待在那里，感觉口水都会流出来。明明只是看着眼前的纸书，却能产生品味着实物的感觉。回头一看，原来后面就是卖巧克力和小零食的地方，还可以喝咖啡。幅允孝在编排书架时，并不是从书店的角度出发进行策划，而是从如何让顾客感受到旅行、美食的乐趣及充实感展开构思。所以说，幅允孝不是排列图书的设计师，而是图书与读者沟通交流的设计师。"

编排书架不仅是为了卖书，更是要通过书，使人们享受到某种乐趣。只要有书在，享受乐趣的方式就会变得更丰富。从结果上看，这将引导我们重新审视和发现书籍的魅力。

按年代划分的书架

[SHIBUYA PUBLISHING & BOOKSELLERS]

　　茑屋东京六本木的成功证明了幅允孝作为选书师的实力。此后，他又陆陆续续完成了另外几家书店的书架编排项目。

　　其中一家就是东京涩谷的"涩谷出版 & 书商（ SHIBUYA PUBLISHING & BOOKSELLERS ）"书店（以下简称"涩谷出版"）。

　　从 JR 山手线涩谷车站穿过中心街的繁华路段，再朝着 NHK 所在的代代木方向前行，涩谷出版就在沿路的商店街里。

　　这里和其他书店稍有不同的是，书店与出版社是合为一体的。店名中带着"出版"（PUBLISHING）二字，就是这个原因。

　　站在门口，透过入口处的玻璃墙，就能感受到这家书店的时尚氛围。走进店里，首先引起人关注的是长长的纵向空间。书店最里面设有编辑专用工作间，和卖场之间用玻璃隔开，但仍然可以看到房间里的样子。这种把图书杂志的"制作空间"和"销售空间"一体化的构思，给人留下了独特的印象。

涩谷出版2008年1月开始营业，幅允孝参与了开业时的书架编排。

公司业务执行代表福井盛太说："小幅选的书，有着一种积极意义上的'庸俗感'。比如，他会在艺术类书的旁边摆上漫画《明日之丈》，还能够把各个领域的标志性人物很自然地联结在一起。说句老实话，如果书店只为那些爱书之人提供他们喜欢的书，那么其他那些虽然年年看书，但称不上爱书的人，就不会光顾了。我并不想把店做成只为书迷服务的封闭空间，恰恰相反，雅俗共赏的书也需要展现，我想开一家能把搞笑艺人北野武的书也摆上书架的书店。小幅编排的书架正好符合我的期待。"

福井是通过杂志认识幅允孝的。想按自己的意愿开书店的他，当时正在寻找会选书的人。于是他去了东京世田谷区八幡山的杂志图书馆——大宅文库，在相关的杂志上看到了关于幅允孝的报道。福井马上登录幅允孝的公司——BACH主页，发去企划书，并和他见了面。

"沟通之后，小幅很快明白了我的意图。"福井说。

只不过，当初幅允孝提议的是可以联想到旅行及梦想的书架。

"那样的书架也不错，但我还是认为直截了当的'直线球'更好。比如，就像'年代是什么'这样的主题。起初我考虑从20世纪40年代到21世纪，每十年编辑一个书架。但是，就算按照年代把当时出版的书都排列起来，也不过是博物馆的翻版。还是要编排出能反映那个时代价值观的书架才行。"

福井说："有好些现在活跃在一线的作家，在人们的记忆中其实是80年代出道的。对于这样的作家，我们会把他们近期的作品也摆到80年代的书架上，比如，作家林真理子的小说《忧郁的葡萄》。她后来创作了许多小说，但是考虑到她的处女作问世于80年代，我们就把她排在了80年代的书架上。另一方面，如果是与当下的社会问题相关的作家，即使他活跃在20世纪50年代，我们也会把他摆在21世纪的书架上。对于那些以前看过，但现在已经不看的书，我觉得也应该放上来。对此，我和小幅也交换了意见，结果得到了他的大力赞成。小幅不但精通各种购书渠道，还总是接二连三地向我推荐好书，我都快跟不上他的节奏了，哈哈。他做书单的速度也快得惊人。"

福井觉得，城市中的小型书店就是应该讲究一些，这是因为他以前在纽约生活过，在当地见过了许多和日本风格迥异的书店。

"国外的书店，哪怕是在郊区，也会举办朗读会或小型活动，而且一般都营业到深夜，供学生们尽情放松。纽约市中心等地更是有许多'活力满满'的书店。反观日本，虽然东京也有像超市一样热闹的书店，但是在偏离东京的市区，就是另一番景象了。我总觉得在大城市附近，能多一些有朝气的书店该有多好啊。"福井说。

可是在日本，小型书店要生存下来是相当艰难的。面对这样的局面，涩谷出版思考的是打造个性化书店所需的"编辑能力和建议能力"。将书店设计成从卖场就可以直接看到编辑室的样式，福井自有其道理。

"书店和出版社的一体化，必须通过视觉加以展现才有意义。我想让大家一看到我们做书的工作现场，就知道这是一家充满活力的书店。有的荞麦店会现场演示制作荞麦面的过程，顾客们一看就会明白，在这里能吃到刚做好的手打荞麦面，自然会和那些站着吃的速食面馆区别开。我进行一体化设计的初衷也在这里。"福井说。

涩谷出版的客单价大约是普通书店的 3 倍，它最大的特点是年轻顾客较多。

此后，这家书店变换了好几次书架的风格。我找到了已是公司 CEO（最高经营执行人）的福井，询问改变的原因。他说，书架的维护工作很不好做，给员工造成了很大的负担。因此，他们一直在摸索能够适合商业化经营的书架编排方法。

"我们既要开一家称心如意的书店，又要考虑商业的合理性，两方面都要兼顾。因为承受着经营的风险，所以自然要不断调整书架才行。"福井说。涩谷出版在保持书店的独特性和盈亏性的平衡中，不断变换着书架。

书店设计书架，这似乎是理所当然的事，然而现实却非常残酷。因为现在店里没有买手，店家只能被动地把经销商分发来的书摆到书架上。这使得不少书店都开始"听天由命"，书卖出去了就感谢运气好，卖不出去就退回去了事。很多书店经营者开始感到没有未来，也没有意思。

为什么会出现这样的现象？原因是出版业存在问题。书店每天都会从经销商那里收到大量的书。根据出版科学研究所的调查，2010 年日本新出版的图书数量是 74714 册，比前一年减少了 4.9%。也就是说，平均每天有 200 多种新书出版。而每种书的发行量少则数千册，多则数万册。假设一种书发行 5000 本，那总量就是 200 × 5000 本。就是说，每天有上百万册图书被配送到各地的书店。

从 20 世纪 60 年代中期到 2006 年，图书的出版册数一直逐年上升。此后，2007 年、2008 年和 2010 年三年均比上一年的出版册数有所减少，整体的上升势头有所减弱，但出版种类仍呈递增趋势。这种现象背后的实质，就是用新书的收入来填补旧书赤字的"亏本经营"。因为现在什么书都不好卖，所以出版社都采取增加种类的方法，来确保销售额。这就造成了书店里到处是书的局面，每本书从上架到下架的周期也缩短了。

在书店里，只要一本书稍微表现出动销不良的倾向，就被认为不畅销，迅速被其他书取代。除去一小部分外，绝大多数的书都逃脱不了这样的命运。由于"POS"系统发达，书店可以对书籍的销售情况进行细致的检查，那些短时间内卖不出去的书，就会被不断退货。

这样的结果是，虽然书的出版量很大，但是每家书店的书架上摆放的都是类似的书。越是大书店，入库的图书量就越大，单是按传统的分类方法给书分类，就忙得不可开交了。

总之，书店缺乏魅力，并不只是书店的问题，而是包含出版社、经销商、书店及流通业等各个要素的系统问题。挑不出好书，找不到想要的书，小书店的架上连本畅销书都没有，进了书店也只会感到压抑。带着这样的想法，读者离书店越来越远，也是没有办法的事。

其实，就小规模的书店而言，要打造出别有趣味的魅力书架，还是有可能的。这也正是幅允孝不断接到客户委托的原因。

"心情很好,没有压迫感。"活动企划者氏原这样评价幅允孝编排的书架。

"幅允孝的书架,恰好处于拥有大量藏书的图书馆和亚马逊的中间位置。"氏原说。

那么,幅允孝是怎样走上选书师这条路的?他又是在哪里掌握了这样的技能呢?其实,选书师这个职业并非是他自己的追求,而是一场不期而遇,一路走来,也是波折不断。

第四章

选书师的诞生

『迷失一代』的新型价值观

幅允孝的学生时代

赊账买书的少年

"他从小就喜欢看书，选择现在的这份工作，也在情理之中。我想他本人一定也是乐在其中吧。"

说这话的是幅允孝的父亲幅胜俊。他曾是某大型啤酒公司的职员，现在已经退休，在鹿儿岛县过着悠闲自在的生活。退休以前，幅胜俊一直住在爱知县津岛市，一个与名古屋相邻的小城。

1976 年，幅允孝出生在这里。胜俊和妻子绿都是超级书迷。"书是家里再正常不过的物品，看书就是我们家的日常生活。"胜俊说。

幅允孝从幼年开始，也自然而然地喜欢上了书。

上小学后，除了零花钱以外，父母还会额外给他一些买书的钱。父母说："只要是书，买多少都行。"于是，还是小孩子的幅允孝早早便成了"下单少年"，总是到车站附近的一家书店买书看。

"只要是买书，花多少钱都可以。我从小学时起就和附近的书店很熟，经常在那里赊账买书。只要是摞起来的纸，都可以买哦。"幅允孝笑着说道。

只要一有空，幅允孝就翻开书或者杂志，拼命阅读。

母亲绿回忆说："他看书速度很快，每天都从图书馆借书回来。甚至还说，图书馆里的书都看遍了。小学高年级的时候，连国语辞典也背过了，感觉他几乎都能读懂。"

幅允孝每天放学回家后，先写作业，写完到吃晚饭之前的时间，都用来阅读。漫画他也很喜欢，经常会看。

幅允孝这一代人，出生时家里就有电视，游戏机也得到了普及。相比于其他孩子，幅允孝对铅字和书籍的接受程度绝对是相当高的。

他学习成绩非常好，小学时除了音乐稍微差点儿，其他功课总是名列前茅。不过，他也不是书呆子，经常参加童子军野营活动，运动神经也很发达。

另外，他还很擅长手工制作，小学五年级时制作过立体书（打开后画面能弹出来的那种）。母亲绿现在仍完好地保存着这些作品，还拿出来给我们展示了一番。幅允孝说，自己学习、运动样样都要拔尖，非常好强。还曾经在全国模拟考试中名列前茅，当时觉得自己已经站在了世界的中心。

少数派意见被传播开来的喜悦

中学时幅允孝升入国立爱知教育大学附属的名古屋中学。虽然他也同时考取了其他私立中学，但最终还是选择了崇尚自由校风的爱知教育大学附中。

幅允孝在这里遇到了比自己更优秀的同学们，他第一次强烈地意识到"他人"的存在。这彻底改变了他的自我认知，在此之前，他一直认为"世界是我的"。原来，这个世界上还有很多自己无法企及的人，那么不如和他们成为朋友，愉快地交往吧，他这样想。那个时候，幅允孝最崇拜的就是职业棒球巨人队的桑田真澄。

"也不知为什么，当时桑田就是我心中的英雄。他在体格上没有什么优势，却很擅长运用技能和头脑，来克服身体上的不利条件。我欣赏他那种像求道者一样的态度。"幅允孝说。

当时他对桑田的热衷程度，简直可以用"铁杆粉丝"来形容。他曾在国语课堂的分组讨论时，提议将班级标语定为"Be 桑田 18"，贴在墙上。最初，班里仅有几个人支持他的意见。然而，在他阐明桑田的过人之处后，支持者从少数逐渐变成了多数，眼看提议即将被全班通过了，最终被老师出面叫"停"，这个计划才破产。

其实，幅允孝在那个时候经历了颇有戏剧性的体验。他通过用"对吧，你也是这么想的吧？有意思吧？"等话术以及条理分明的叙述，使班上的同学渐渐倾向于他的意见。最后，当大家都对他说"嗯"的时候，他感到了一种无比的快乐。始于自己的主观判断，逐渐影响周围很多人的想法，最终将自己的意见渗透进去。

"我认为当时的经历，非常适用于现在的工作。"幅允孝说。

上高中时，幅允孝选择去了当地的县立高中。那时候他看过一本书，就是后来他在斯鲁加银行 d-labo 图书室里摆放的《不就业的生存之道》（雷蒙德·芒果），书中描写的是主人公为了按照自己的意愿生活，而选择开书店的故事。在当时，幅允孝并没有明确决定自己将来会从事和书有关的工作，但对他而言，这的确是一本对他影响至深的书。

在庆应打下的美术功底

高中时幅允孝的成绩还不错，也曾考虑报考国立大学，但着实没心情为应试而战，所以便选择了保送升学。当时最早确定的保送学校是庆应义塾大学的法学部政治学科。幅允孝虽然对学习法律或政治并不感兴趣，但还是接受了保送，进了庆应。

入学那年春天，幅允孝被朋友带到神宫球场，为棒球早庆战[1]加油助威。然而，他却怎么也无法融入大家肩并肩、一起唱校歌或助威歌的团体氛围。此后再也没去参加过这种活动。

对于所在的法学部政治学专业，幅允孝实在体会不出有什么乐趣，也完全感受不到从大局角度出发所讲的政治、经济活动与自身之间的连接点。于是，在选择教养课程时，他选了与法律毫无关联的、文学部的美学美术史讲座，后来还加入了美术部。

当时的幅允孝，给讲授美术史的近藤幸夫副教授留下了深刻的印象。

"每次下课后，他都会到我这里来，表达一下自己的感想。并不是向我提问题，而是会说这个地方有意思呀，那句话有亮点哪之类的话。这样的学生还是头一次遇到。"近藤说。

进入专业课学习之后，幅允孝仍然继续上近藤的课。

---

[1] 棒球早庆战，早稻田大学和庆应义塾大学两大私立名校之间的棒球比赛。

就连战后美术这样的内容，他都听得十分认真。通过听近藤教授的系列讲座，幅允孝收获很大。他说："在此之前，我只是一味阅读文学作品。现在，我对艺术或者语言无法表达的东西、视觉效果等，都有了新的认知。"

约瑟夫·克斯（Joseph Kosuth）是美国具有代表性的概念艺术家，他探求的是认识世界的概念、艺术等是在怎样的言论基础上构成的。这位作家的代表作中有一个关于"椅子"的作品，是在一把实物椅子旁边，摆放一张正面拍摄的、与实物等大的椅子黑白照片，同时在实物椅子的另一边，摆放一张字典里解释"椅子"词条的图片。

近藤认为，这件作品十分清晰地展现出，人类是通过"实体""印象"和"概念"三者的关系来理解世界的。

"我记得幅允孝曾经说过这很有意思，他似乎挺喜欢克斯的。"近藤说。

类似策展人的工作

从那时起，幅允孝便开始专注于自己感兴趣的事情。

近藤在进入庆应大学教书之前，曾在美术馆从事过展览会的策划等相关工作。在他看来，幅允孝现在的工作，与美术馆、博物馆的策展人有点儿相似。所谓策展人，就是从某个角度收集信息并加以分析，再将这些信息联系起来，拿出一个有价值的东西，与大家分享。

"我曾在美术馆工作过十六年，策划展览会一直是我主要的工作内容。那时，我面临的问题是应该将自己的立场置于何处。一边是展现作品的作者，一边是接受作品的观众，我的工作是将这两者连接起来，达到情感上的共鸣。怎样展现，才能把作家想表达的东西最好地传递给观众呢？这时候，策展人就不能单纯地给作品贴上标签，而应该与作者站在同一视角，去思考能做些什么。如果用书来举例的话，策展人可能容易被认为是图书馆里的图书管理员，其实不是的。图书管理员的工作是从大量书籍中，建立一个可以供人检索的系统。这对于掌握一定的资料，能锁定自己究竟要查找什么的人来说，是非常有用的。然而，对于那些想找点儿什么，但不清楚自己要寻找的具体内容是什么的人来说，重要的则是能够保持广泛性和灵活性，同时为他们提供准确的信息。"

"幅允孝所做的就是选择一些书，为了让人们能更容易地获取信息，大胆地采用与既有检索系统不同的方法，将各种不同的书连接在一起。这与策展人在众多创作者中，为了挑选出某个人的某个部分展现给大家，从而策划展览会的行为十分相似。"近藤说。

　　怎样才能把自己认为有意思的书推荐给别人看，用什么方式才能让别人想看这本书，怎样才能让别人更容易靠近这些书，幅允孝在这方面花了心思。比如，他会在文艺书旁边，放上一本谁都能看得懂的旅行指南。

　　近藤说："展览会也一样，要思考如何给有趣的东西开通一条顺畅的道路，让大家能够共同分享其中的趣味。可以说幅允孝现在的工作，展现出了他自己的个性啊！他从自己看过的书里，挑选出不同的组合在一起。虽然看上去书是主角，但是在编排的过程中，幅允孝自己的个性、哲学思想也淋漓尽致地展现出来了。从这个意义上讲，我认为他也属于创作者。"

开始动摇的价值观

　　在近藤的课上，还有一位和幅允孝一起学习的朋友，叫板谷龙一郎。

　　从研究课到兴趣小组，板谷龙一郎都和幅允孝在一起。现在，板谷是一名非常活跃的画家。

　　学生时代，幅允孝经常和板谷等人一起去旅行。幅允孝喜欢规划集合地点、时间等，去欧洲等地旅行时，他也是早早地就了解清楚了当地的信息，再分享给同伴们。

　　板谷说："我总感觉，某种事物在社会上流行之前，幅允孝就能洞察到先机，他愿意并且也善于把这些信息传播出去。总之，他的信息收集能力真的非常强。我想，他大概天生就是个当媒体人的料吧。"

　　然而，如此这般的幅允孝却对找工作没什么热情。

　　"不仅是他，感觉我们这帮人好像都比较懒散，不太适应大学生活。所以，庆应的助威歌《年轻的血液》，我们谁也唱不出口。"板谷说。

　　当时，他们丝毫没有因为进了庆应，毕业后就理所当然地要去商社、大品牌公司、银行、媒体等名企的念头。

　　幅允孝说："我不喜欢现有的这种价值观，或许就想要跟它对着干吧。"看来，他似乎在有意地与所谓的上进思想保持距离。"我开始怀疑所谓的输与赢的定义。我觉得，不输给对手比完全战胜对手更重要。"

　　以应试大战优胜者的身份升入名校，然后进入众所周知的大企业工作，被周围羡慕的目光包围，未来似乎尽在掌握之中。

　　然而，果真如此吗？

　　泡沫经济崩溃已近三十年。其间日本的经济起起伏伏，却已无法重回曾经高速增长的曲线。少子老龄化问题不断加剧，日本社会已经进入了成熟期。打破国际贸易壁垒，以无限自由的经济活动为导向的新自由经济势力不断扩大，由此将引发各行业的管制废除，以及随之而来的企业体制变化，终身雇佣、按资排辈等以往被认为是理所当然的雇佣惯例已然成为过去。

企业都在尽可能减少正式员工，降低成本，并不断扩大随时可更换的合同派遣劳动力的比例。尽管毕业于好大学，但仍无法找到理想工作的学生逐渐增多，能够为应试优胜者"承诺未来"的时代已经结束。

这种明显的变化，对社会和每个人的思考方式都带来了巨大冲击。从下往上一步一步攀爬的人生观，将很难在今后的社会中存续。到底应该抱有怎样的思考方式和价值观呢？就算能提出这样的疑问，在当今时代也很难找出明确的答案。

在这样的情况下，企业似乎也在竭尽全力寻找自己的前进方向，绞尽脑汁地向社会发声。除去书店以外，那些看似与书毫无关联的公司，也开始对选书师有所需求，这应该与近二十年来日本社会的闭塞不无关系吧。

青山图书中心

　　一直遵循自己内心价值观的幅允孝，终于也迎来了不得不面对的就业选择问题。据说，当时可供他选择的工作机会有很多。

　　"仅仅因为规模大、工作稳定，就打算找个大公司就职，这样的想法我从来没有过。在选择什么的时候，我还是希望能拥有选择自己所爱的自由。"

　　找工作时，幅允孝首先去了老家的中日报社。他应聘的也不是热门的记者职位，而是文化事业部。可惜在最终面试时被淘汰了。现实的屏障挡住了幅允孝向前的脚步。那段时间，幅允孝房间的桌子上堆了很多书，他一遍一遍地读，然后又一动不动地陷入沉思。这一切都被母亲绿看在眼里。

　　"即便如此，这孩子也绝不会悲观的。"

　　最后，幅允孝放弃了就业而选择去加拿大做短期留学。其间，他去了美国、芬兰等十几个国家旅行，参观了古根海姆、MOMA 等美术馆，还观看了自行车比赛等。

　　他开玩笑地把那段经历称为"幅允孝的祭奠之旅"，"总有一种奇怪的恐惧感，觉得一旦开始工作，就不能做自己喜欢的事情了，所以在这之前想多走走看看。"

在那段时间的国外旅行中，"我渐渐地弄清了自己喜欢的事物和自身之间的距离感"，幅允孝回忆道。

"去到当地我才知道，原来那些以前在日本听说过或在照片上看到过的事物，竟然出乎意料地小。这可真是有意思啊，只有去了才能够感受得到。我想，书也是这样的吧。在思考这些事情的过程中，我体会到，用自己的语言来表达自己喜欢的事物是非常重要的。"幅允孝说。

幅允孝属于"团块世代"的人，又被称作"迷失的一代"，在 IT 等领域他们也被称为"七六代"（出生于 1976 年）。这代人中陆续诞生了很多拥有新型价值观的企业家。

在就业难的形势下，1997 年，证券业巨头之一的山一证券因经营不善导致破产，给日本社会笼罩上了一层阴影。大学毕业后，顺理成章地进入公司上班，对这条日本人习以为常的人生之路，社会舆论普遍开始出现了质疑与困惑的声音。

从幅允孝找工作半途而废这件事上，就能看出这种观念的动摇。

然而，现实毕竟是残酷的。人们的存款越来越少，经济不景气使得找工作愈发困难。那时候还不像现在这样，对第二次新毕业生[1]的看法还没有在社会中得到认可。因此，终于到了"必须工作"的时候，"有一种重新开始的感觉"，幅允孝坦诚道出了当时的心情。

1999 年大学毕业后，幅允孝进入东京的青山图书中心工作。他当时被分配到六本木店，负责艺术、设计、建筑等类型的书籍。在那里，幅允孝掌握了收银、验货、出货、订货等作为书店店员的基本技能。

当时的青山图书中心六本木店与其他书店截然不同，环境非常好，书籍种类独特且齐全。一看书架，就能感觉到这里有对图书工作分外用心的店员。店内的书籍非常丰富，经常让人不禁感慨：居然还有这本写真，这本书啊！

作为一家大众书店，这里到处展现着丰富的图书品种，以及时尚的环境氛围。

有这种感觉的可不只有我一个人，我的朋友或周围喜欢书的人也都有同感。即使不买书，只要进去逛逛，都会觉得心情舒畅愉悦，甚至在店里待上几个小时，都不会觉得腻，仅仅是待在那儿就会让人感觉很满足。六本木店有很多粉丝，他们只要到店，一定会买上几本才走。但其

---

[1] 第二次新毕业生：指工作了几年后，放弃第一份工作的 25 岁左右的求职者。这些人处于应届毕业生和年纪较大的、想更换职业的求职者之间。

实，在那个时期，书是不太好卖的。

"销售额上不去，客人也不怎么光顾。有读者愿意把摆台或书架上的书拿到手里翻看一下就很不得了了，更何况是拿到收银台去结账，简直就像奇迹一样。"幅允孝如此描述当时的情形。

形势严峻的卖书现场

幅允孝当初是因为喜欢书才进入了这个行业，但现实却十分严峻。怎样才能把一本本的书与人连接起来？怎样才能让人感到"哎，看起来好像挺有意思啊"，从而拿起一本来读呢？怎么吸引读者翻看一下这些书呢？正是因为幅允孝切身体会过其中的不易，所以在编排书架的时候，才绝对不会忽视站在书架前的人们的喜好和心情。

"从入职的时候起，幅允孝就很引人注目。"

说这话的是幅允孝的旧同事中泽雅子，后来她跳槽去了一家专卖建筑类书籍的书店。据中泽说，幅允孝从入职时就对建筑、设计一类的书兴趣浓厚。在青山图书中心，员工是可以自己设计书架的，但由于刚开始有很多不懂的地方，大家通常都会沿用前面同事留下来的样式。然而，幅允孝却很快展现出自己的个性。"他率先提出想改换书架，从这个角度来讲，的确是很引人注目啊。"

在六本木新城建成前，中泽和幅允孝曾一起作为书店代表参与了青山图书中心和森大厦共同举办的线下活动。她清楚地记得，活动中幅允孝一直在不断地出点子。他也很擅长拓展人脉，当天的活动还邀请了建筑家安藤忠雄出席，幅允孝一点儿也不胆怯，和很多人交换了名片。

他的创意也完全不被新刊书店的条条框框所束缚，有一次，他提议说想摆放些旧书试试看。在新刊书店摆放旧书，这可是个大胆的想法。他行动迅速，很快便从书商那里要来了旧书，做好了书架。

中泽对幅允孝作为书店店员的这一段经历十分了解。在她眼里，幅允孝现在的工作性质和书店本身的工作并不相同。就算想像他那样编排书架，一般的书店也还是很难模仿来的。

"书店行业经营形势严峻，我们常常会听到各种抱怨，而现在的幅允孝却总能笑嘻嘻地工作。"中泽说。

幅允孝在青山图书中心工作了两年。那段时间，他的工资很低，特别喜欢的书却经常买不起，很是痛苦。为了省钱，他都是自己从家里做好饭团带着去工作，骑自行车上下班。因为喜欢书而进入书店工作，在卖书的同时自己却买不起书。这给幅允孝造成了很大的压力与困惑。

汹涌漩涡般的书籍知识

从青山图书中心辞职以后，幅允孝进入了编辑制作公司"J.I."。

经营这家公司的正是在出版界叱咤风云的原杂志 *Magazine House* 的编辑石川次郎。他曾担任过杂志 *POPEYE*、*BRUTUS* 等的主编，还做过民间电视台深夜话题、综艺节目的主持人。石川对初次见到幅允孝时的情景印象深刻。

"他出现得特别突然。我们公司经常会接到一些急活儿，所以需要人手。我当时向编辑们打听，有没有对编辑业务感兴趣的人能介绍过来，外行也可以。有位编辑立刻联系了幅允孝，然后他马上就来了。"

见面一聊，他发现幅允孝是个相当懂书的人。

"总之，关于书和杂志他知道得非常多，我能充分感受到他对书的热爱。怎么说呢，那些知识在他的头脑中就像汹涌的漩涡一样。明明那么年轻，我说的他却差不多全都知道。这着实让我震惊。"石川说。

石川那时正在寻找能做编辑的人，他问幅允孝对编辑工作有没有兴趣，幅允孝当即回答"有"。感受到幅允孝身上的强烈渴望，石川当场便决定录用他。

"但是，说到知识方面，我感觉他脑海中的书籍信息并未经过整理，塞得满满的，有些杂乱无章。我不知道该怎么运用他说的这些知识，完全没有头绪。当时就觉得，这太可惜了，应该让它有用武之地呀。那时我身边也没有熟知日文书、外文书的编辑，所以暗暗感到，这说不定是个有趣的开始。"

就这样，幅允孝在石川的手下开启了自己的编辑之路。可他毕竟没有编辑的工作经验，石川便从入门开始一点一点地教他。

新式书店

刚好一年以后，石川接到了一个大项目。经营租借录像带和书店的"茑屋"要在东京港区的六本木新城开设一家新概念书店，委托石川进行设计制作。

说起来，这个书店还是石川提议开始做的。在大规模开发六本木新城时，森大厦希望能更好地利用商业空间，委托石川提供一些方案。当时，石川的头脑中便闪现出了一个念头。

　　那就是，把书店和咖啡店合在一起的"咖啡书吧"的形式。石川由于工作经常到国外出差，在伦敦、佛罗伦萨等很多欧洲城市都见过这种书店，听说美国也陆续出现了类似星巴克和书店合二为一的新式书店。因此，在六本木新城的开发中，石川拿出了这样的提议。也就是说，最初由他提出的这个方案，在得以具象化之后，又回到了他的手里。

　　听到这个消息的瞬间，石川立刻想到了幅允孝。这个计划的具体展开和落实工作需要一个人来承担，幅允孝是不二人选。让那些有关书籍和杂志的魅力，好好派上用场展现一番吧。思忖至此，石川便让幅允孝从参加策划会开始，正式接手这项工作。

　　茑屋方面的考虑是，不在店内摆放小说，只放非小说类书籍。他们想开一家前所未有的新式书店。然而，作为商业经营，如何保证盈利，这是个大问题。

　　幅允孝和茑屋方面展开了多次讨论，得出的结论是，打造一家生活提案型书店。因此，他们决定在图书的排列上，与现有书店的风格区别开来，就算是畅销书，也要斟酌内容后再上架。他们还针对店铺所在地及周边人群的年龄、职业、兴趣、爱好等各方面做了调研，并对客户需求进行了分析。

　　结果，就有了"旅行""美食""设计""艺术"这四个核心关键词。他们想要打造出符合大都市中心地标式书店的感觉。

　　但是，如果只摆放与这些关键词内容相关的书，就会变成只能吸引特定读者层的书店。在凸显独特书店风格的同时，还要兼顾让读者和顾客愿意光临的大众性。要实现这个看似难以两全的目标，还得取决于书架如何编排。

　　对此，幅允孝给出了具体的建议："在烹饪类的书架上，摆放与'饮食'相关的小说，例如开高健、檀一雄的书。""将村上春树、仓桥由美子的小说放在旅行类的书架上如何？""书店在骨架上凸显非小说类书籍，但在肉身上可以加进部分小说。""把安藤忠雄的写真集、随笔等从建筑类书籍中拿出来，安藤先生关于建筑物方面的书，可以摆放在漫步东京的区域里，这样如何？"

　　"他的脑袋简直就像是一个涌动着汩汩灵感的创意源泉啊！"

　　茑屋东京六本木的伊仓回忆起当时的情景，不禁发出了这样的感叹。

　　从孩提时代开始，就爱书胜过一切的幅允孝，对于读书能够对人们起到怎样的作用，读书的乐趣是什么，是十分清楚的。读书，原本就不应该仅仅是为了第二天在会议上有谈资。因为，书本身就不是为此而存在的。

　　对书抱有这种认知的幅允孝，在编辑书架时，有许多一定要摆的书。其中一本就是南美哥伦比亚作家加西亚·马尔克斯的《百年孤独》。幅允孝在东京六本木将这本书摆在了无人不晓的旅行指南书《地球漫步指南》南美篇的旁边。

　　这部作品以布恩迪亚家族的成员为主人公，通过无数段小故事，描写了何塞·阿尔卡蒂奥·布恩迪亚家族七代人之间的相互联系、荣华富贵，以至最终走向没落的百年传奇。

　　幅允孝在高中时就读过这部小说，他认为这部作品是"迟效性"书籍的典型代表。书中出场人物的名字都差不多，要记住它们实在困难。现在的版本已经配有血缘关系图示了，但幅允孝当初读的版本并没有，因此当时读这部小说觉得格外混乱。

　　他说："一开始我觉得，这都是些什么嘛！不过那也是我第一次因为读不懂一本书，而感到也挺有意思的。在那之前，我都是抱着要读懂点儿什么的想法而去阅读的。"

　　《百年孤独》虽然不是旅行类图书，但书中所描写的家族传奇故事，却能带给读者一种想要去旅行的冲动。渗透在马孔多村土地上的鲜血、人们的感情、腐烂的气味，以及曾有人在这里活着的痕迹……在这一点上，的确是网上冲浪也激发不了的冲动。

　　总之，就是想要出去走走，想到大自然的怀抱中去，想飞到海外去！在读小说的时候，常常会愈发强烈地产生这种感情。尽管并没有直接描写旅行的事情，但对于读者而言，小说却往往会成为激发他们出行的催化剂。也就是说，并不是看内容是否直接涉及旅行，哪怕是对旅行具有推动作用的书，都属于和旅行这一体裁相关联的范围。从这个意义上说，《百年孤独》可谓是一本完全符合"旅行"主题的书吧。

第五章

选书师的秘诀

呈现世界观

以"爱"为名的书架

[电影《一切化作海》]

晚上十点多，营业时间已过，店铺也已经关门，商场里却依然灯火通明。这个时间之后幅允孝就要开始借用横滨地标塔内的大型书店有邻堂，为电影《一切化作海》的拍摄进行"书架设计"了。

电影的主人公是一位二十七岁的书店店员，由女演员佐藤江梨子扮演。她是一个虽然说不上不幸却也毫无幸福感可言的人，最大的爱好便是读书。有一天，店长让她来负责一个书架，她以"给不懂爱的人"为理念进行了设计。于是，各种各样的人被这个书架所吸引，聚集在这里。电影讲述的就是这样一个故事。

台座上摆好了拍摄用的四面架子，书架的背板上刻着"LOVE"的字样。

地上也放着几个纸箱。当天，除了幅允孝之外，他公司 BACH 的员工山口博之也到了现场。两人开始拆箱，啪啦啪啦撕胶带的声音响彻深夜的书店。

＜这个故事的主人公名叫千野夏树，生于 1983 年，在东京大田区一带长大。父亲是在制造企业工作的普通上班族，母亲是家庭主妇，还有一个年长她三岁的哥哥，是个理科技术人员。

从小学到高中，她一直在公立学校就读，大学毕业于一所还不错的私立学校，专业是心理学。

高中时她也会偶尔和朋友们出去玩儿，聚集在涩谷一带。夏树是个不太擅于对抗朋辈压力[1]，表面看起来还算合群的少女。然而，即便是和同伴们在一起，她还是会有种说不上来的违和感。她对待恋爱的态度属于非常专一的类型，被自己真心喜欢的男友抛弃后，又尝试与很多男性交往。之后陷入援助交际境地的夏树并未从中获得过快乐，为了摆脱这种状态，她学会了看书。只有在看书的时候，她才感觉不会被任何人打扰，可以拥有自己独处的时间。

这样一位女主人公，大学毕业后进入了一家大型书店工作，至今已有四年。虽然还算体面，但待遇却和打零工差不多，月收入也就二十万日元左右。最近她开始喜欢上书店的工作，那是因为店长注意到她喜欢书，就委派她分管一个图书区域。现在她沉浸在设计书架的乐趣当中。＞

---

[1] 朋辈压力：因害怕被同伴排挤而放弃自我，做出顺应别人的选择。现在这个概念还经常用于表示同辈（即与自己年龄、地位、所处环境相似的人）取得的成就带给自己的心理压力。

书架维系的人际关系

这部影片的导演是山田茜，她此次是将自己写的小说搬上了银幕。对于书这种看似静止的特性，山田这样说："看书的人，给人一种认真的印象。而书也可以将一些下流话、龌龊事等描写得很有趣。我觉得这是最为自由且激进的媒体。这部电影想讲述的就是人们因书结缘的故事。"

正如山田所说，在这部电影中，书这种东西本质上甚至可以说有着极端的特性，有如通奏低音[1]般回荡在人们的心底。

被夏树设计的书架吸引而来的登场人物，都是一些人际关系不融洽、笨拙，或家庭破裂的人，他们不懂何为爱，却又对爱充满了渴望。当然了，以这种人物为题材的电影或小说有不少，而这部影片的特点在于，它通过一个书架将这样一群人紧密地连接在一起。以爱为主题编排的书架成为片中至关重要的一条线，将几个零零散散，可能

---

[1] 通奏低音：巴洛克音乐最重要的特征，也叫数字低音。在文艺复兴时期的音乐中，各独立声部以对等的地位构成复调，以求得整体的统一。可到了巴洛克时期，人们追求强烈的对比，作曲家在键盘乐器的乐谱低音声部写上明确的音，并标示说明其上方和声的数字，演奏者根据这种提示即兴奏出低音与和声，如同现在的爵士乐一样自由发挥。

以悲剧收场的故事串联了起来。

影片中，书架起到了非常重要的作用。虽说是以爱为主题，但并不是简单地将与爱有关的书（书名）随便地罗列在一起就可以了，而是要把主人公夏树心中所描绘的爱的"世界"呈现给观众。

这就需要有从事"书架设计"经验的专业人士介入了。而山田委托设计书架的人，正是幅允孝。

那天，幅允孝带来了大约三百本书。他先打开事先寄到现场的纸箱，从里面拿出一张写得密密麻麻的书单，然后又用细长的手把复印纸撕成一些纸条，在每个纸条上都写上了不同的话："虽然不懂，但那是爱""婚姻制度""向往的家人""她的生活方式""生与死""关于性""了解自然""暴力""某人的痛苦""色情""为了独处"……

他将这些纸条一张张地贴在书架上，每次贴完后，就从箱子里拿出几本书，按着纸条上的提示话语摆放起来。

搬运过来的这三百本书，都是为了表现以"爱"为主题的书架而挑选出的。书单上列有这样的一些书名：

《安娜·卡列尼娜》（托尔斯泰）、《生命不能承受之轻》（米兰·昆德拉）、《性流浪记》（中村 USAGI）、*OUT*（桐野夏生）、*SEX by MADONNA*（麦当娜）、《色情》（乔治·巴塔耶）、《细雪》（谷崎润一郎）、《H 罩杯教我的事儿》（苏珊·塞利格森）……

　　还有其他很多从书名上看与"爱"有关的书。内容多种多样，从古典名著到描写现代风俗的作品都有。

《昆虫记》和爱有什么关系？

　　可是，还有一些看起来与"爱"毫无关系的书。例如纳粹屠杀犹太人的纪实作品《夜与雾》（弗朗克）、《人间临终图卷》（山田风太郎）、《昆虫记》（法布尔）、《世上最重要之"金钱"的故事》（西原理惠子）等。

　　单纯看书名的话，让人实在搞不明白这些书和"爱"有什么关联。另外，《已形成的差距》（保罗·克鲁格曼）、《拯救玻璃般的地球——给21世纪的你们》（手冢治虫）、《致死的疾病》（克尔凯郭尔）等考察社会和人类的书籍也混杂其中，甚至还包括《牧野日本植物原色图鉴》（牧野富太郎）、《西顿动物记》9册套装等乍看与"爱"的主题天差地别的自然科学类书籍，以及《离家出走的建议书》（寺山修司）、《且听风吟》（村上春树）、《百鬼园随笔》（内田百闻）等著名的文艺作品。

　　这些书都是根据那些写好的纸条来进行分类的。

　　"'性'和'哲学'放得近一些好不好呢？"幅允孝

自言自语道。

"有点儿意思哦!"在一旁的山田立刻赞叹不已。

乍看毫无关联的词句,以靠近或紧邻的方式排列在一起,反而能给读者带来灵光一闪、意想不到的奇妙感觉。这大概就是词句和词句的组合所带来的"化学反应"吧!山田似乎瞬间明白了什么。

山田在是在观看电视节目《热情大陆》时知道幅允孝这个人的。

"最初我想,这样能做得成生意吗?不以销售为目的,仅仅是把排列书籍作为事业,这让我颇为吃惊。在这次工作中,看了幅允孝带过来的书单之后,我才若有所悟。我当时委托幅允孝的时候就表明,要考虑到作为书店骨干的主人公的以往经历,站在主人公的角度上选书。我选了自己喜欢的七十本,佐藤江梨子选了十本,其余的就都是幅允孝选的了。我也尝试了一下为设计书架而选书,把那本放进去,这本也放进去吧,没想到类似这样的各种考虑,居然会这么有意思。于是,我也学会了把摆放书籍当成一个游戏。我觉得,幅允孝是很有技巧的,对于把什么书摆放在什么位置会产生怎样的效果,他都很清楚。"

如此编排出来的书架,在 2020 年上映的电影《一切化作海》中,大家便可以看到了。

体育运动和书

[阿迪达斯专卖店]

编排书架这件事，即便是书籍数量不多，也不是简简单单就能做好的。当然，数千本和数十本相比，在选书和编排上花费的时间自然不一样。但是，关于一本一本如何排列，所需要的脑力却是差不多的。"才几十本书就这么耗时呀！"在东京涩谷的阿迪达斯专卖店编排书架的经历，让我发出了这样的感慨。

这家店是 2008 年 12 月 23 日开业的，位于年轻人络绎不绝的涩谷区中心地带，在"109 百货"[1]的左斜前方，一过了通往东急文化村的马路就是。

作为一家以年轻人为对象的体育运动用品商店，这家店拥有绝佳的地理位置。后来店方决定，在地下的卖场里设置一个书架。

书架的设置地点就在通往地下卖场的楼梯旁，上下楼时都能看到。书架本身并不大，和普通家用书架差不多。

---

[1] 109 百货：涩谷的地标建筑。

当天，需要摆放的一共只有 75 本书。幅允孝编排的书架，多的时候达几千本，有时甚至上万本。相比之下，阿迪达斯专卖店的这个项目，可以说数量是相当少了。

究竟会摆放什么样的书呢？大家都拭目以待。书早就装箱送了过来，开箱拿出来一看，还真是琳琅满目。体育运动相关的书自不必说，看起来没什么关联的也不少。

例如，其中就有宫本武藏的代表作《五轮书》，这是一本既为剑法，也为兵法的著作。武道虽然不完全算是体育运动，但二者之间也并非没有共同点。

另外还有内田树的《日本边境论》。内田当时是神户女学院大学的教授，他本人虽然持有合气道的段位，但是自《街头教育论》起他主要发表一些社会评论，而这本《日本边境论》与体育运动也并没有什么直接的关系。更出人意料的是，连喜欢从狂热视角抓拍东京的泉麻人，其著作《东京审定》也在编排之列。

对杂志上的论文也有所关注

令人吃惊的是，这里竟然还有《百合花》这样的杂志。这是一本通篇都是生硬论文或报告，内容全部为铅字的书，可以说是给城市知识分子们阅读的，读者群十分有限的杂志。

　　这样的一本杂志，为何会被幅允孝选中呢？最初大家都不明所以然。但是，仔细一看，那上面有一篇主题为《足球宣言》的论文，大家这才恍然大悟。同时，又对幅允孝深感钦佩，能在这样单调严肃的杂志上合时宜地发现与体育运动有关的论文。

　　由于当天的工作量不足百本书，我原本以为能早点儿收工。谁知道，图书摆放完毕后，幅允孝就那么站在了书架前，一动不动地盯着。他当时穿着白色毛衣和黑色牛仔裤，戴着格子图案的兜帽，不经意间散发出一种时尚感。他脸上毫无表情，"嗯……"他一边思考，一边不停地用拳头敲打自己的腰部。他说过，持续工作时，腰经常疼。

　　作为选书师，一方面头脑中必须认知大量的书籍和具备良好的审美情趣，另一方面还要能承受犹如体力劳动一般的辛苦。表面上虽不易察觉，但幅允孝这时似乎已经相当疲劳了。之所以做出那样的表情，并不仅仅是因为身体上的疼痛，他似乎对这次的书籍排列方式并不怎么满意。从旁观者的角度看，我搞不明白哪里有什么问题，幅允孝却在头脑中一直反复推敲，反复琢磨。

　　凝视片刻之后，幅允孝朝书架走了过去，开始大幅更换刚才已经摆放好的书籍。他拿起原本封面朝外摆放的写真集，改成只露出书脊的样式。然后，又将音乐类的大开本 Mook 摆到了最上面一层的醒目位置，并露出封面来。

其他书籍摆放的位置也做了一些调换。刚才提到的杂志《百合花》被换到了第三层的左边，封面朝外摆放。而书架最上层的左边，则换成了手冢治虫全集，也是封面朝外摆放。《HAPPY VICTIMS 穿衣穿到穷》则换到了第二层左边，封面朝外摆放。在它的左右两侧，分别摆放的是《日本边境论》和《东京审定》。

再看一下书架，就能发现，体育运动和东京是两条主线。虽说这里是体育运动类商品的专卖店，可以摆放的却并非只有体育类图书。

"阿迪达斯也有自己的文化，我想通过它与日本、东京在文化上的联系，把这一点展现出来。"

委托幅允孝做选书师的体育运动类事业总部的品牌营销部长小松裕行这样说道。

"为什么要在阿迪达斯专卖店里设置书架呢？理由是我们想要更深入地传播阿迪达斯的文化。书，能映射出作者的激情，这也许能让人联想到品质吧。我们就是想通过这样的书，让人们更加深入地了解阿迪达斯的文化。"

作为运动服装制造商，阿迪达斯具有压倒性的品牌影响力。然而，仅仅这样是不够的。要想强化品牌影响力，就需要不断提高品牌内涵。我们之所以会有这样的想法，也是因为时代变了。"今后，在追求高效时，低效率是不是也应该受到重视呢？我在跟幅允孝先生聊天时谈起过这个。虽然一些低效率的事物会耗费很多精力和工夫，但是，重新审视它的价值的时代似乎已经到来了。我总觉得，在这样的时代背景下，书的力量将是非常强大的。"

关注经营的原点

[斯鲁加银行培训所]

静冈县骏东郡长泉町。

这是一个位于富士山南侧原野一带的小镇，地形狭长，被东面的裾野市和西面的沼津市夹在了中间。开车从东名高速公路裾野出口下来，朝着富士山方向继续爬一个很长的坡，大概十分钟，就到了"克莱马蒂斯（Clematis）山丘"。

克莱马蒂斯在日语中的意思为"铁丝"。是一种像牵牛花那样攀附在周边物体上生长，并能开出深紫色花朵的植物。

克莱马蒂斯山丘上，散布着以克莱马蒂斯为主题的庭园、VANGI雕刻庭园美术馆（展示的是意大利雕刻名家朱利亚诺·梵吉的作品）、井上靖文学馆、杉本博司亲自参与设计的写真美术馆IZU PHOTO MUSEUM以及餐厅等不少建筑。周围是新兴的住宅区，里面似乎还有很大的宅邸。因为地处高地，所以光是在这里散散步也会觉得心情很舒畅。

其中的一个角落处，便是当地斯鲁加（SURUGA）银行的培训基地。它被灰泥墙和长瓦墙包围着，有着非常雅致的外观，乍一看绝对想不到这里跟银行会有什么关系。进门后就看到一个庭园，玻璃走廊一直延伸到庭园的深处。庭园里有一个两层的独栋木造建筑，外观看起来会让人联想起明治时代的官厅或银行。这就是那天我和幅允孝会合的地方。

更让人意外的是，在这个建筑物里还建起了一座图书馆，虽然培训设施整体还在施工，但建筑部分已接近完工，图书馆分为地下和二楼两部分。

选书其实是个体力活

地下部分的书架设计工作已经启动，数十个大纸箱在地上堆放着，有四个人正在拆箱。他们都是幅允孝BACH事务所的员工。

啪啦啪啦，啪啦啪啦，室内回响着拆箱时撕扯胶带的声音。光看这个画面，还以为是在搬家呢。由于需要大量的书籍，他们不得不分成数十箱乃至数百箱分别运过来。工作伊始，首先就是要将运来的书籍拆箱。

这是 2009 年 2 月的上旬。还正在施工、尚未安装暖气的图书馆里，从地面往上散发着凉凉的寒气。

图书馆的墙壁和地面皆为木造，整体色调是深茶色，看上去温暖而庄严。馆内还设有半地下式的带有台阶的空间，构造相当讲究。

某种程度上说，从拆箱起，分类的工作便开始了。拆箱并不是随便地把书拿出来，而是要大致进行分类，搞清楚这本书大体上属于哪个范畴、什么类别等等。

在这里将要摆放 20000 册书，这可是一个相当庞大的数字，据说全部干完差不多需要一周的时间。

当天，计划摆放的书有 2000 本。

"嗯……怎么也要三个小时吧。"

幅允孝戴着格子花纹的兜帽，说这话的同时，手里的活儿一刻都没有停下。无论有多少时间也总觉得不够用。过了一会儿，幅允孝拿起一本名为 FRONT 的写真杂志，那是战争期间发行的旨在宣扬国民抗战决心的宣传类杂志。我靠近一看，那本杂志不算厚，彩色照片的颜色很暗，纸质也不怎么好，的确很有年代感。

"啊！这个有意思呀。真不错啊！"

幅允孝说完这话，便一屁股坐在地上，目光完全被书页所吸引。他的面部表情看起来很放松，翻看的同时嘴里还偶尔发出"嗯嗯""欸"之类的感叹。其间，幅允孝的工作被别的事情打断过。而旁边的其他工作人员则一直不停地拆着箱子。

幅允孝所编排的书架，根据委托人的意向和目的而各有不同。斯鲁加银行的图书馆设在培训基地内，自然是要摆放与经营相关的书。但并不局限于此，他们还需要内容更为广泛的书，以便让员工从历史、社会、自然科学、文学等方面去了解这个广阔的世界，从而得到自我启发。

据说，他们设立这个培训基地的目的就在于，把福泽谕吉提倡的"独立自尊"精神运用到实际经营中，站在民众而不是政府的角度去思考，重新审视经营的原点。

在书架上将严肃和流行融为一体

在书架上摆书的时候，极其重要的一件事情便是分类。根据不同的"分类标签"，打造出来的书架氛围也会有所不同。

幅允孝把纸片剪成细纸条，在上面写上各种标题，"交流""语言的力量""何为工作""未来""地球环境""关于金钱""善""家人""CHANGE""年轻人""源自日本"等。

一般的图书馆里，首先都是按照社会科学、人文科学、自然科学等几大项来划分，然后再把社会科学按"政治""经济""法律"等分类，人文科学按"历史""文学"等项目细分。之后，按照更具体的小项进一步划分，例如政治类就是根据和政治有关的各个小项再进行划分。总之，就是以一种金字塔型的模式来分类。

然而，幅允孝给书分类的特点就在于颠覆了以往的既有模式。他既会使用像"未来""地球环境"这种概述式的分类标题，也会用很多细节方面的提示性关键词来标注分类。其中既有较为通俗的，也有"高大上"的。主题的设定也是多种多样，并非约定俗成，都是基于他自己的感觉来定。

对于传统的分类方式，幅允孝是这样看的——

"我对书店常见的分类不是很喜欢。例如，'美食'方面的书为什么要放在'女性专区'呢？爱好烹饪的男性读者如果想寻找这方面的书，就不得不去那个区域。又或者，浅田真央的女粉丝又为什么非得到'男性实用'之'体育'的区域，才能找到花样滑冰方面的书呢？再进一步说，为什么只有文库本因为开本不同而单独摆放呢？如果非要按开本分类，那么所有书都可以按'32开'或'菊32开'来划分，但实际上只有文库本打破了按体裁分类的常规，并且还都是按出版社来划分的。说到底，这些都是为了流通方便而已，不过是对原有规则的长期沿用罢

了。"（引自：《 新潮45 》2012年2月号）

看到这段话，我倒想起一件事来。关于体裁分类，三岛邦弘（出版界备受瞩目的三岛出版社的社长兼编辑）这样说过："书，本来就不应该按照体裁来分类。"他的意思是，一本书里有各种不同的要素存在，人们是为了方便摆放在书店里，才按照类别来划分。但是，人类的思想是不应该有体裁之分的。

三岛生于1975年，和幅允孝是同代人。两人在差不多四年前通过平面设计师尾原史和（ SOUP DESIGN 的代表）的介绍而相识，此后一直保持着交流。据说幅允孝和三岛在很多事情上都能产生共鸣。一是因为他们从事的都是人性化的工作，二是他们的创造超出了商品本身的价值。作为出版界独特的存在，两人在这一点上也不谋而合。他们都对所谓的体裁、类型、流派等传统的分类方式提出质疑，擅于从不同的角度去思考和感受事物，或许正因为是同代人，他们才更加理解彼此吧。

在旁观幅允孝编排书架的过程中，我感到十分有趣的是，他一边按类别标签给图书分类，一边却又在不断修改着类别标签的词句。

"如果不到现场实际体验一下，就总会有感受不到的地方。"幅允孝这样解释道。

　　他十分重视那种只有到达现场后才能深切体会到的感觉，以及在给图书分类时灵感闪现、引发感悟的瞬间。在决定好如何分类后，一定要把书摆上书架加以检验，这也是方法之一。只有分类确定好了，才能令整体布局稳定下来，不是吗？有些疑惑，只有来到幅允孝的工作现场才能解开。看着幅允孝从给书分类到摆放书的全过程，感觉就像是在观看一场现场表演，令人脑洞大开。

　　另外，对于分类标签的设计方法，幅允孝这样描述：

　　"对于内容比较严肃的书架，分类标签要设计得轻松一些，而在内容相对轻松、流行度较强的书架上，反而就要使用汉字，使其看上去更充实一些。"

　　严肃的书籍如果还用严肃的标题来分类，就算有内容介绍，恐怕也会令人感到窒息。而轻松的内容如果用轻松的标题来分类，情况或许不会那么糟糕，但也有可能会显得没分量，让人感觉有所欠缺。软硬搭配、取长补短，才能使整个书架变得更丰富且有趣。

呈现个性的书架，有情趣的书架

幅允孝在选书及编排书架方面的工作，可以说是通过书的各种组合带给读者一种快乐的享受。

现在，有许多人纷纷开始尝试选书的工作，并且从中体会到有别于其他工作的独特魅力。

一定有人去过位于东京站丸之内出口处丸善书店里的店中店——松丸书铺吧。这家书店于 2009 年 10 月开业，2012 年 9 月关闭。

那是由博闻强识的知名人士兼著作家、编辑的松冈正刚和丸善共同策划的一家新型书店。65 坪的店内，书架是呈回廊一般的曲线状。从地面到天花板，密密麻麻地塞满了 50000 册书，进到店里感觉就像是闯进了书的森林，密度之大让人不由自主地发出"好厉害"的感叹。

大家对这个书店的评价非常高。"客单价是丸善自身的两倍，顾客的平均停留时间为 2~3 小时，最长曾有人待过 8 小时，甚至还听到有人说过'好想住在这里！'"(《丸之内地球环境新闻》)

刚好在我前往松丸书铺拜访的时候，见到了作为读书家而被人熟知的某大型化妆品公司的前社长。他仔细打量着书架，然后取下一本书来，从他的身影中就能感受到这位著名读书家的魅力。作为书迷，他眼光锐利，也只有这样，才可能从书山书海中挑选出好书来。

设计这个书架的松冈，很早就提倡"编辑工程学"，并就社会各种场景中编辑的意义和作用进行过论述。而他以"编辑世界观"为主导的独特的世界认知，则建立在巨大的阅读量上。作为编辑理论的权威人士，他活跃在各个领域。因此，这家书店也集中展现了松冈知识体系的精髓。看得出来，这里包罗了涉及各领域的代表性书籍。

可以说，松丸书铺就是选书师松冈其人的具现，他的个性被淋漓尽致地展现了出来。有趣的一点是，即便选择同样的书，松冈与幅允孝编排出来的书架却截然不同。松冈的书架，每个主题都有紧凑的"网罗性"，"知识"摆在首位，毫无疑问是颇受书迷们欢迎的书架。

而在幅允孝的书架上，书与书之间则存在着"游戏""落差""飞跃"等关联，读者的情绪也会随着这样的振幅和意外性而发生变化。

在这里，我们并不是要比较谁更优秀。因为，编排书架这件事，原本就不能用什么正确答案或好坏的标准来衡量。正所谓，有一百个选书师，就会有一百种风格迥异的书架。否则，我们反倒会觉得奇怪吧。

重要的是，这些书架在编排上各自具有怎样的特点。从这个观点出发去把握的话，松冈和幅允孝的个性差异也就明了了。

如果把松冈的书架定义为从正面一决雌雄的"正统派"，那么幅允孝的书架就是充满了时尚感和游戏感的"游学派"。这或许也可以说是"硬"和"软"的对比。

店内的各个书架上，单行本、文库、新书、专业书、漫画等各种类型的书都被摆在了一起。显然，在这一点上，松冈与幅允孝的设计理念是一致的。但是，在分类标签上，两人却各有千秋。幅允孝使用的词句更接近日常生活，而松冈则主题性更强一些。这方面的差异，可能是书架或空间给他们的不同印象造成的。

松冈和幅允孝最大的共同点就是，抛开传统的编排方法去设计新式书架，以及由此给读者、消费者所带来的心灵上的触动和刺激。一本一本的书虽然同样都是商品，但正如树木那样，也会因种类、布局方式、种植方法等不同而长成完全不一样的森林。一旦进入这样的森林，那些沉睡在心底的东西，隐藏在潜意识下的感觉，就会被唤醒。

然而，松丸书铺作为这样一个丰饶而深厚的"书林"却关闭了，幅允孝对此感到十分可惜。

"说实话，我不清楚其中的原因，也不想胡乱猜疑什么。我所担心的是，人们对书店所持有的公平性，以及对迟效性媒介所持有的包容度、自由度遭到了破坏。在听闻松丸书铺将要关闭的消息后，书迷们对书店的失望感恐怕又要加深了吧。大家一定会对大型书店只注重利润率和周转率，只卖畅销书产生不满吧。"（松冈正刚《松丸书铺主义 奇迹般的书店 3 年的挑战》）

尽管如此，幅允孝还是强调了前进的必要性。

"要与那些无拘无束，摆放在纵横交错的书架上的书进行对话，让思维跳跃、脱轨。是的，不管哪家书店，都可以成为松丸书铺，这一切都取决于你自己。即便不在书店，只要有机会拿到书，无论什么时候，你都能够以置身于松丸书铺一般的心态去享受它。如果你能这样来支配自己的'头脑'和'身体'，我将感到很欣慰。再见了，松丸书铺。即便如此，我们还是要继续前行。"

每年 300 本以上的阅读量

要设计这样的"书林"是需要巨大阅读量的。据说，幅允孝每个月的精读量为 20～50 本，每年的阅读量不低于 300 本。如果算上对角线式的粗略阅读量，这个数字可能还要翻三倍。

幅允孝在前文提到的斯鲁加银行培训基地内编排数千本图书时，我曾随机拿出几本，并就书中的内容向他提问过。结果，无论问到哪一本，他都能立刻做出回答。"我不想在对书的内容一无所知的状态下进行编排。"幅允孝轻描淡写地说。即使是采用对角线阅读的方式，小说类也得了解梗概，非小说类也得掌握大意，才能做到对答如流。想必这与他巨大的阅读量和理解能力不无关系。

"总之就是，他读书的速度相当快，还非常擅于抓住要点。"

说这话的是山口博之。他作为幅允孝的另一只臂膀，一直在为 BACH 效力。

那么，幅允孝到底是怎样阅读、消化、记住这些书的呢？当问到这一点时，他回答说："我不太喜欢纠结于数量的多少。"

"10 页纸的书，读 100 本就是 1000 页。而 1000 页纸的书，读一本的话不也同样还是 1000 页嘛。比起所谓的数量，我反而觉得花在一本书上的时间长短更加重要啊！"

幅允孝每天都会读三四个小时的书。他买回来的书不会随手乱扔，而是放在自己眼前或者伸手就能够到的地方。"因为放在跟前就不会忘记了。"幅允孝说。

"我觉得书架是外部记忆的保存装置。这种东西，在日常生活中随处可见。它是重温记忆的一把钥匙。每一本书，都有它的来历，看着书架，我脑海中就会浮现出自己的经历以及与之相关的各种感情。"

在幅允孝老家的书架上，也摆放着许多旧杂志。"这是我上高中时，在学校附近的报摊上买的。"他甚至连这个都还记得。

书的采购

对于编排书架这项工作来说，还有一项非常重要的任务 —— 采购。每次接到新项目，根据主题不同，要摆放的书也不尽相同。当然，使用同样的书也是常有的事，但即便如此，每次也都需要采购新书。

采购基本上是根据幅允孝的要求去的。但是，当幅允孝想把书实实在在地拿在手里挑选，或是怀着"一期一会"的期待时，他就会亲自去书店或旧书店挑选。我拜托幅允孝采购的时候带上我，于是他带我去了一次东京千代田区神田神保町的旧书店一条街。

我们先去的是位于三省堂书店总店后面的神保町旧书城。那座大厦有五层楼，每一层都有多家旧书店，但店铺之间并没有用墙壁隔开，也不是展位的形式。各家只是摆放着自己的书架，乍看还以为是一家很大的店呢。顾客可以根据自己的喜好从书架上挑书，选好后拿到收银台，在那里统一结账。

当天，幅允孝是和山口，以及 BACH 的一位女性员工三人一起去采购的。

根据委托人的需求，他们已经确定了分类的主题，要照此选书。在选书的标准上，除了注重内容外，对装帧也有要求。因为必须考虑到摆放时可能要将书的封面露出来，因此，外观也成了选书的一个重要标准。

那天，他们要参照"世界政治""世界经济""了解世界""了解日本""日本事情"等 34 个主题来选书。

首先，要从大致符合主题的书开始一点一点地收集。这时，如果三人分头行动的话，那么他们所选的书必然会重复。因此，三人便聚在一起共同挑选。

幅允孝自不必说，山口和女性员工虽然都还年轻，却对旧书十分懂行。两人以前都在书店工作过。

那天他们逛了神保町的好几家旧书店，每一本书都是亲自过目后才购买的，真是实实在在的选书工作。尤其是旧书，这样的工作绝对是必要的。如果是随处可见的著名作家的书，集中采购也无妨。但对于这种轻易买不到的珍本或旧书，往往就得在一家一家寻找的过程中才能发现。

海外采购

幅允孝不仅在日本国内采购，也常从海外进货。特别是像写真集等很多稀有图书，在日本是买不到的。除了网购，他还会专门跑去欧洲等地采购。

幅允孝到国外买书的事，曾在《热情大陆》（每日放送）播放过（2008 年 10 月 19 日）。当时的目的地是德国柏林的一家艺术类书店，他是从当地的朋友那里得知的。由于不做网络销售，幅允孝也是头一回知道这家书店。

从地板到天花板，在高度接近 4 米的店内，四面全都是书。所有的书架都是统一的白色，摆放着大开本的写真集、作品集等，店里的环境充满着艺术气息。

"从哪里开始逛才好呢？这里可真是个超棒的收藏馆哪！好激动，好想住在这里。"

除了伸手就能够到的地方，幅允孝还借来了一个大梯子，以便能拿到放在最上面的精装书。就这样，幅允孝反复移动梯子，爬上爬下地挑来选去。

他陆陆续续地发现了好多在日本找不到的书，例如现代艺术作品集 *Genoves*（Juan Genoves）、拍摄郊狼的写真

集 *Coyote*（Joseph Beuys）等。

"选出来的这些书有类似的共同点吗？"对于采访者提出的这个问题，幅允孝回答说："每本都很喜欢哪。基本上，我自己不喜欢的东西是不会推荐给别人的。那样的话，感觉就会变得硬邦邦的，很不自然。我其实是不太会说谎的性格……"

过了一个小时之后，幅允孝抱着十几本书走到收银台前。这些都不是普通的单行本，所以每本书的体积都很大。于是，他把选好的书先寄存在收银台，再继续去找别的书。随后他又拿起一本以前从未听说过的作家的书，这是一部作品集，上面登载了一些用铅笔之类的东西在各种地方涂抹的画和照片等等。其中有一张将地面全部涂满的照片。

"这是疯了吧！可真行啊！我喜欢这样的'疯狂'，世上原来真有这么有意思的人哪。"幅允孝笑着说道。

那天，他在那家书店待了三个多小时。一共买了50本书，花了大约30万日元，书店的女店员脸上写满了开心。长途跋涉到海外的书店找书，并且大量购买的日本人，大概也只有幅允孝了吧。

采购第一天就收获颇丰。在当今的互联网时代，其实不用特意搭上旅费飞到国外也能买到想要的书。但是，幅允孝却不这么做，他总是尽可能地亲自到国外的书店去。因为只有这样，才会有意想不到的发现。

打造书与人相遇的场所，这是幅允孝的工作目的，而他自己也一直在寻求着和书的相遇。为此，他经常到书店去，惬意地站在书架前，拿起书来翻一翻。

归根结底，怎样摆放一本本的书，就是选书师的全部工作。而对于书这个构成要素的选择，也需要拥有慧眼。其基础就是多方面的知识。即便不是什么都要知道，但是在看到某个主题时，要能够联想到这个作者或者那本书应该是符合主题的，必须有这样的联想力才行。用物品来比喻的话，就是你这个大脑的抽屉里究竟有多少存货。

在与他人的关系中保持自我

据山口的描述，幅允孝的好奇心极强。对于当下流行的事物，不论是什么，他都不排斥，愿意兴致勃勃地尝试一下。

"幅允孝经常提到雅克·拉康。拉康是一位对后结构主义影响颇深的著名精神分析学家。他认为，他人的目光是认识自我的一面镜子，不要去思考自己应该怎样，而是要想一想如何去看待他人眼中的自己。"

"自己并非只有一个，在他人的眼中会有无数个自己。"幅允孝本人也这样认为，"假设有一块纯白的画布，我所认为的创作者应该是把红、黑、黄等各种颜色随意地泼洒上去。可我却做不到这样。我如果在这里用红色，那另一部分就得用蓝色，让颜色相互映衬。"

显然，拉康的确对他有很大影响。

"拉康认为，'寻找自我什么的纯属无稽之谈，自我这个东西本身就是虚无的，不过是我们想象中的一种存在'。这样的想法令我震惊。但是正因为'我'是不完整的，才让人觉得有意思。而且，拉康对于语言的一些看法，也会在选书时给我灵感。"

没有什么普遍的、绝对的自己，自己是存在于与他人的关系中的，在跟对方建立关系的过程中存在的自己，就是那个时刻的"我"，大概就是这个意思吧。重要的在于关联性，换言之也就是交流。

能够在与他人的关系中认知自我的幅允孝，究竟有多重视这种价值观呢？从下面这个故事中我们可以了解一二。

据说幅允孝的儿子出生时，他原本想给孩子起名为"关他（KANTA）"。"关他"，取的是"与他人的关系""与他人有关"的意思。但因为姓名测算显示笔画数非常不好，所以改成了"贯太"（KANTA，与"关他"读音相同）。

幅允孝所讲述的有关自己和他人关系的故事，十分有趣。幅允孝编排的书架，并没有必须怎么做的"绝对性"，他通常是先考虑到旁边摆的是什么作品或与其他书籍之间的关联后，才着手选择各种各样的书进行组合。

对幅允孝选书起到至关重要作用的，就是他超出常人的阅读量。不过，他本人并没有被每月要读几十本，一年要读几百本的计划所束缚。

相比之下，他更重视如何才能引导自己去阅读。这样的话，记忆方式也会不同。"把自己当作树干，像从树干延伸出枝叶那样的感觉去看书，这大概就是我能记住各种书的理由吧。正因为如此，我才没有过勉强的感觉。"

如果是自己经历过的事，哪怕它非常短暂，只要遇到与它内容或主题相似的书，我们就能把这段经历和书联系起来。"那个部分是这样的""当时的情景是这样的"，像这样将两者叠加在一起去阅读。这样一来，即便是自己毫无兴趣的书，也能读进去了。

这是因为，幅允孝觉得"读书是乐趣，而不是痛苦"。

关于如何看待书，听了幅允孝的话我才明白，不能只停留在某一本书上。一本书与另一本书有关联，然后又会关联到其他书。而那些我们自身的经历也会通过与书之间的关联，理所当然地连接在一起。

如果将一本书比作一片树叶，那它必然是与其他树叶连在一起，形成一片绿色，并且与树枝相关联。树枝是从树干生长出来的，而那棵树也只是成千上万棵树组成的森林里的一棵而已。由此可见，编排书架时的构想，一定与记忆方法有着密切的关系吧。

第六章

落差设计

把杂货和书一起卖出去

上演从东京出发的旅行

[Tokyo's Tokyo 羽田机场第二航站楼店]

卖不掉的书，以及城市中不断消失的书店，书和书业的现状实在令人担忧。然而，在这种形势下，一些想要探索新型商业模式的企业也开始不断寻求书本身的力量。

其中之一，就是开在羽田机场第二航站楼第三层商场里的礼品商店"Tokyo's Tokyo"。

Tokyo's Tokyo 开设于 2009 年 2 月，幅允孝从开店起就一直负责这里的策划。与以往机场里的土特产商店相比，这家店的氛围格外不同。外观是统一的白色，乍看还以为是专门卖化妆品、美容用品的商店。

店内的摆台、墙壁也是白色基调。这里的商品有包、手帕、护肤品、笔、眼罩等出行时便于携带的各种杂货及玩具等，还有最与众不同的一点便是书。

这家店以"从东京出发的旅行"为关键词，为了满足从东京出发或到达东京的人们"购买只有东京才有的旅游纪念品和土特产"这样的愿望，对陈列的商品进行了有针对性的选择和编辑。这样的"编辑型"店铺在机场中是一种崭新的类型，面积足有 170 平方米。

　　店里最显眼的就是墙面上的一排排书架。按照从九州到北海道的地域区划，书架上相应地排列着各地的书。

在亮闪闪的店里放上原爆纪实写真集

　　在九州地区的书架上，摆放着日本最具代表性的摄影家土门拳的名作《筑丰的孩子们》。封面上是一个满眼噙着泪水，眼看就要哭出来的女孩，她的脸上被煤灰弄得很脏，肩膀上的衣服也破了，露出了里面的皮肤。

　　这部作品展现的是昭和三十年代中期福冈县筑丰煤矿的劳动者们辛酸的工作及生活场景，以及当时生长在那里的孩子们的状况。这本现实主义写真集，也被认为是土门拳作为摄影家的起点之作。

　　而在中国地方[1]的书架上，则摆放了一部石内都的写真集《广岛》，这本写真集主要展现了在广岛原子弹爆炸中死去的人们当时穿着的衣服。白色的地面上一条破破烂烂的裙子已经被烧焦了，皱皱巴巴，也分辨不出颜色来，乍看根本看不出这是什么东西，只有在看了写真集的索引

---

[1] 中国地方：日本的冈山、广岛、山口、岛根、鸟取五县的统称。

之后才明白，原来是条裙子。

这两本写真集就这样摆放在光鲜亮丽的店内，形成强烈的对比，让人不禁心头一震。也许人们通常会认为，写真集展现出的是与商店氛围格格不入的世界 —— 这样说可能显得很肤浅。然而事实上，二者却似乎理所当然地融为一体了。

"突然看到这样的书确实会感到惊讶，但我希望大家出去旅行时，并不只是奔着旅行指南上的知名店铺吃吃喝喝，或者去名胜古迹饱览一番，我更希望大家能带着自己的触感去感受所到之地。"幅允孝这样解释道。

与宫泽贤治相遇的意义

Tokyo's Tokyo 是专为从羽田机场出发去外地的人们购买东京特产而开的商店。同时，它也是一个能够让人们在出发前培养"旅行心情"的场所。

就算是因为工作而不得不去的出差，也还是会产生些许"不同于平常"的感觉吧。当然，进店的顾客中一定有对书完全不感兴趣的人，但也总会有几个人，或者只有一个人会觉得惊喜。"噢，还有这样的书？"然后拿起书来看看。有的人也许还会把书买回去，就算不买，也会在他们脑海中留下记忆的碎片吧。

在东北地方[1]的区域内，摆放着一本宫泽贤治的《风之又三郎》。

幅允孝说："平时不看宫泽贤治的人，以及去书店也不逛文艺区的人，也可能会因为偶然进到这家礼品店，刚好看到宫泽贤治的书，从而随手拿起来翻翻也说不定。"

大多数的书店，基本上都是喜欢书的人去的地方。这些人对于哪里有什么样的书，想要这类书应该去哪里找已经轻车熟路了。但是，幅允孝在编排书架时考虑的是，"想要让那些平时不太接触书，也不主动去书店的人也能拿起书来看看"。

"我觉得人们旅行的方式正在发生变化。以前大家都是奔着所谓的名胜古迹去，走马观花地观看一番，再拍几张证明"到此一游"的纪念照就心满意足了。而现在，人们在旅行时越来越注重个人体验，以及它是否给自身带来了价值。旅行的目的地可能只是去一个不为人知的天主教堂，或者仅仅是喝一杯啤酒。对于这样的人而言，我想书应该能起到一定的作用吧。比如说，读了《风之又三郎》

---

[1] 东北地方：日本的青森、岩手、宫城、秋田、山形、福岛六县的统称。

之后再去东北一带，连吹风时的感受都会完全不同。所以，我希望这些书能像摆放在机场内的书一样，激发出旅行者更高昂的情绪。"

在这些紧靠墙面的书架上，介绍每一个目的地的书只摆放了三本。幅允孝解释说，这样做是为了体现"断言的力度"。如果换成十本，就显得"松散"了，尤其是在这样一个因手续简化，人们的停留时间不断缩短的机场里。也就是在告诉顾客，"如果要去这里，带上这本就够啦"，这种起提示作用的书并不是数量越多越好。

人和物的交叉点

Tokyo's Tokyo 有趣的地方是，不光在书的摆放方式上下了功夫，而且书和别的商品、杂货等都是组合在一起陈列的。例如，商品台上放着金枪鱼等寿司造型的绍罗 Q[1]，旁边摆放的是《池波正太郎的银座日记》和谷崎润一郎的《东方西方味道比较》。

---

[1] 绍罗 Q：又称 Q 车，是日本开发的一种迷你玩具车，车体标准长度仅为 3-4 厘米，首件制作于 1978 年。大部分绍罗 Q 玩具车都内设拉回弹簧，将玩具车倒拉，然后松手，车便会自动向前行驶。文中指的是设计成各种寿司造型的绍罗 Q 玩具车。

　　绍罗 Q 和书看似毫无关联，但因为摆放的是与寿司素材、饮食等相关的书籍，顾客在不经意间就能将二者联系起来。同时这种反差还能让人几乎瞬间就产生"真有意思"的感觉，于是便不由自主地拿起书翻看起来。这就促成了人与书相遇的机会，从而催生出下一步的可能性。

　　幅允孝认为，书这种商品，就应该如此，像这样一本一本地被人们拿在手里翻看，然后卖出去。

　　"说到底，书店能做的也不过是让人拿起书，翻开一页看看。至于如何去读这本书，那是读者的自由。因此，书店首先要考虑的是怎样选择一本书，怎样呈现出来，才会让人产生把它买下来的念头。只能是经过深思熟虑，带着一颗恭敬诚恳的心不断去尝试吧。巨大的销售额目标当然也很重要，但我认为，只有将那些对读者有特定意义的书认真地积累在一起，才是最诚实的做法吧。而且，包括内部装修、宣传广告在内的呈现方式也要仔细考虑。对那些不怎么爱买书，却愿意支付一万日元手机话费的人，怎样才能让他们产生同样的动机，把这笔钱花在书上呢？我也要好好考虑这个问题。"

　　可以说，Tokyo's Tokyo 正是体现出幅允孝上述想法的一家店。

书和杂货的协同效应

这家店的室内设计，是由前文提到的知名年轻建筑师中村拓志负责的。中村负责的店面设计相当于"容器"部分，而作为软件部分的店内选书则由幅允孝承担，商品挑选由山田游负责，艺术指导则是由植原亮辅担纲。这些创作人的智慧汇集在一处，便成就了 Tokyo's Tokyo 的诞生。Tokyo's Tokyo 和其他土特产商店的不同之处在于，它从一开始就将"容器"和"内容"配套起来考虑。也就是说，它有自己非常明确的、完整的概念。

开业后，客人的反响非常好。

"第一航站楼里没有吗？"

"一直想找这样的店呢。还有其他类似的店吗？"

诸如此类的反馈接连不断，机场大厦的工作人员这样介绍道。

Tokyo's Tokyo 的运营商是日本机场大厦株式会社，这家店是直营店。第二航站楼建成后，他们打算把楼内的商业空间打造成商业集聚地，所以才开了这家店。

公司事业开发总部事业策划部的仓富裕，这样描述了客人的反应："大家初次进店时大都带着好奇心，不知道这是家什么店。就是随意进来逛逛，看看摆台上的商品而已。因为店里放了一些 POP 广告，大家顺着广告望过去，发现竟然还有书，于是便拿起来翻翻看。逗留时间较长的大概能待上三十分钟吧。我们发现，客人的动线模式基本上都是先看书，然后再去逛杂货。"

从仓富裕的话中可以看出，书与商品的结合，对客人的购买行为产生了一定的影响。

同一部门的平野京介这样说："其实是有故事的。这里是个土特产商店，主要销售礼品和旅游纪念品等，但我们的商品却和街上那些随处可见的不太一样，所以人们才会基于特别的考虑而购买。比如，时尚戒指什么的就卖得特别好。准备去冲绳的客人看到这些时髦的戒指，也许就想戴着它去冲绳。借由杂货让人们联想到自己的下一个目的地，大概就是这样一种感觉。"

这或许可以说是书和杂货在一起产生的化学效应吧。客人在 Tokyo's Tokyo 这个空间里，对于接下来要去的地方，充满了想象。

表参道的共同语言

[Tokyo's Tokyo 东急广场第二航站楼店]

2012 年 4 月，一座外形独特的大厦在东京表参道落成，它就是"东急广场（TOKYU PLAZA）表参道原宿"。这座大厦里汇聚了众多以服装等时尚元素为中心的商店、杂货店、餐馆等。

大厦的外观看起来就像是在玻璃建筑上扣了一顶棕色的王冠，位置就在表参道与明治大街相交处的神宫前十字路口，以前这里曾是"GAP"专卖店的所在地。作为年轻人爱逛的东京新晋人气地带，这里备受瞩目。

加上屋顶部分，整座建筑共有七层。设计上呈现出顾客乘坐着自动扶梯后犹如被吸入建筑物里面的感觉。入口处装有多面体反射镜，人们走近后就能看到镜子里映出自己的身影，进入大厦后也能从各个角度的镜子里看到自己。那感觉就像是掉进了万花筒里。

亲自设计这座大厦的，正是在设计 Tokyo's Tokyo 时和幅允孝共事过的中村拓志。中村的这个设计方案，是从众多建筑师的方案中脱颖而出被选中的。大厦内有二十七家店铺入驻，其中就有 Tokyo's Tokyo 开的新店。幅允孝也接手了这家店的策划工作。

乘坐自动扶梯上到第五层后，是一个大面积自然采光的开放楼层。店铺之间没有隔断，走下扶梯，不知不觉地就来到了 Tokyo's Tokyo。这里的商品也是由书和杂货构成的，和羽田店一样都属于编辑型店铺。但是，它和羽田店又有所不同。

最大的差别就是，这里不是土特产商店。原宿、表参道一代以年轻人居多，客流主要是购物者或目的性不强的人，这样的地理位置赋予了这家店不同的特点。

这里出售漫画、动漫以及与之相关的各种杂货，随处都有惊喜，让人一进去就会感觉很亢奋。商店的正面有一个形状像书一样的白色电子大屏幕，上面显示着漫画书中的对话框和台词，内容隔一段时间就会变换。那些台词，都是幅允孝从店内陈列的漫画、动漫中精心挑选出来的。

店内分为展台和书架两部分，五个展台上各自放有隔板，看起来就像漫画中的格子一样。换句话说，就是把每一个展台都仿制成了漫画书的一页纸。墙壁上的书架也是如此，还有斜着放的，同样采用了漫画格子的设计。书架本身也是打开的漫画页面的形状，表面呈曲线状。

整个店面给人的印象，就像是置身于漫画书里一样。

在这些书架和展台上，摆放着经幅允孝挑选出来的与漫画、动漫相关的书籍和杂货。

其实，Tokyo's Tokyo 起初并没想把店面打造成这样。

"这一带聚集着形形色色的人，而且以年轻人居多，面对如此多样化的价值观，想确定店铺的风格定位是非常难的。那么来这儿的人，他们的'共同语言'究竟是什么呢？从现在这个时代来看，走在表参道街头的成年人和走在原宿街头的年轻人之间能够共享的东西，不就是漫画和动漫吗？所以我觉得如果这样设计，应该能让很多人都感兴趣吧。"幅允孝这样说。

被唤醒的时代记忆

由于店面是开放式的，所以能从整体上体现商品的趣味来。

在某个架子上，摆着写有"steteco.com"字样的盒装内衣，这是一款四角裤。乍一看这样的摆放充满了难以理解的时尚感，旁边放的是赤冢不二夫的漫画《天才傻瓜》。傻瓜和四角裤在形象上互通[1]，知道这个梗的人，看到这两样商品后自然会忍俊不禁的。

在另外一个展台上，陈列着各种形状的塔，旁边放的书是浦泽直树的漫画《20 世纪少年》和西岸良平的《晚霞的诗》《三丁目的夕阳 杰作集》。其中,《三丁目的夕阳》这本书的创作时代,正是东京塔在建的昭和三十年代初期。受电影《ALWAYS 三丁目的夕阳》的影响,无论是谁,都会立刻将"塔"和"昭和三十年代"结合在一起联想吧。

幅允孝设计的书架,其有趣之处还在于,它能从某一本关键的书派生出一大堆其他相关的书。在这个展台上,同时还摆放着写真集《EXPO'70^2 ~ 惊愕!大阪世博会的全部》和一本新书《我们梦想的未来都市》(五十岚太郎·矶达雄)。

日本是从《三丁目的夕阳》所描绘的时代开始进入经济高速发展期的,而"EXPO'70"正是展现日本社会巅峰状态的一届盛会,这一点众所周知。《20 世纪少年》讲述的是战后日本经济成长时期孩子们的故事。我自己就是在那个时代度过的童年,是亲身体验了日本经济成长的一代。因此,《我们梦想的未来都市》这本新书,光看书名就引起了我的浓厚兴趣。

而这些想法的产生正是幅允孝引导的结果。光是看看

---

[1] 漫画《天才傻瓜》中的主人公"傻瓜爸爸"经常穿四角裤出场,故顾客很容易对傻瓜和四角裤产生连带思维。
[2] EXPO'70:1970 年在日本大阪举行的世界博览会。

那些被漫画格子形状分隔开来的并不太大的展台，"某个时代"的记忆就如同玩思维扩展游戏一般浮现在我脑海里。

羽田店和原宿店的不同之处

"这次，我们将这家店铺的主题定为漫画。在这样一个时代，我们希望能打造出一家明朗欢快的店，所以不管怎样都要传递出积极向上的能量。"

说这话的是与幅允孝一起负责杂货选择、店铺策划的创意指导兼采购员山田游。山田当初在羽田机场店的筹备工作中也是负责商品策划的，他对幅允孝的心思十分了解。从某种程度上说，他在选品时，一方面会考虑幅允孝的意愿，另一方面又考虑销售商品的目的。然而，由于原宿店和羽田店在性质定位、条件等方面完全不同，因此，在杂货的选择和配置上，山田着实花费了不少时间。

"羽田店与原宿店的不同之处在于，羽田店有着非常明确的主题性。而且，以前机场里基本没有什么上档次的土特产商店。因此，我们只要把市内的好店，或有特色的店照搬到机场去，顾客就会认可。但是，原宿店可是位于市里的热门地段，如果不提高精准度，没有形成自己的风格，经营就会很困难。所以，原宿店是在先确定了漫画主题风格之后，才进行的内部装修设计。"

"可是，由于摆放商品的架子要像漫画格子那样被分割开来，因此在商品的选择上就会受到一定的限制，这也是一个难题。也就是说，我们必须在一个个漫画格子里展现出'世界观'。如果商品在一个格子里放不下，超出了边界，那是行不通的。而且，在保证每个格子独立存在的同时，还需要有整体的连贯设计。普通的架子因为不受被隔开的限制，在图书编排上就比较自由。这一点真是完全不一样呢。"

山田另外还特别强调的一点，就是书与商品之间的关系。他说："虽然从主题上看，似乎书是主要的，其他商品是次要的，但既然是商店，最后还得看商品卖得好不好。销售额很重要，我们也不能光卖书，因为那会导致利润额降低。书、漫画等只是引子、入口，这里可绝不是个只卖漫画的书店。书可以作为切入点，但最后还是得把东西卖出去。

"幅允孝编排图书时也是如此，最初先确定一本主要的书，然后再以那本书为原点来进行编排。所以，我的商品加上幅允孝的书，两者要组合在一起，作为一个整体来展开，我就是抱着这样的想法去选品的。

"和幅允孝一起设计店铺我非常开心，因为在我们的合作过程中，产品的潜力得到了极大的开发。通过将物与物、物与书联系起来，我们想要表达的形象一下子就变得立体起来了，（书或漫画中展现的）语言可以准确表达出我的意图。

正如接待客人也要用语言沟通一样，语言的力量真的是很强大呀。"

给美术馆增色的商店

[SOUVENIR FROM TOKYO]

在 Tokyo's Tokyo 工作中搭档的山田和幅允孝，在此之前也接了一个很大的项目。那就是位于东京六本木的国立新美术馆内的博物馆商店"SOUVENIR FROM TOKYO"（以下简称"SFT"）。

国立新美术馆开设于 2007 年，外观看起来像波状的曲线，整体由黑川纪章设计。从开馆之初，这个美术馆就备受瞩目，其中最具话题性的要数地下博物馆商店了。

进入美术馆之后，是宽敞的大厅。乘坐通往地下的自动扶梯下去，便到了 SFT。

木质地板，白色基调的墙壁，大小各异的白色箱式展台随处可见。文具、明信片、T 恤、塑料模型、折纸、日历等小物品，马克杯、小碟子、碗、玻璃杯、餐具等餐桌用品，以及其他日用品、服装、玩具、儿童用品等，从名牌到平常货，一应俱全。乍看各式商品琳琅满目，整体上并没有什么脉络，细细看过之后才发现，这里每样商品的选择都很讲究。给人的印象就是精益求精，各类物品汇集一堂，店里充满了热闹而欢快的氛围。

在这些商品中间，展台或书架上也放着单行本、新书、文库本、写真集、绘本等各种图书。不同于 Tokyo's Tokyo 按照目的地划分的方式，在这里，杂货和书的搭配带来了奇妙的化学反应。

所有的物品都等价地连接在了一起

山田之前经手的店，在选择和摆放物品、图书时，都是分开操作的。然而在与幅允孝搭档的 SFT，却实现了物品和书的同时摆放。

策划这家店的时候，幅允孝将自己团队的价值观写了下来，并贴在了店内。

"在我们看来，'所有的物品'都是等价连接在一起的风景。无论是新兴的物品、怀古的物品、优雅的奢侈品、平常的日用品，还是当地的物品、来自远方的物品、名人创作的物品、佚名的物品，所有这一切都是在同一个地平线上的风景。因此，我们要做的就是摆脱这些物品的既定形象，通过出众的编排能力，向人们展现前所未有的惊喜。在我们生活的这个东京，一定要以这样的方式看待事物或进行创作。这样的态度才是在寿司（SUSHI）和相扑

（SUMO）之后，我们再一次向世界发声的应有之态。"

落差设计

在认为一切皆等价的幅允孝看来，在哲学书旁边摆放漫画不但不会显得突兀，反而很有趣。幅允孝的这种编排方法，被建筑师中村拓志评价为"落差设计"。

"就好比是在高深的东西旁边摆上通俗读物。例如，在东山魁夷的《北欧纪行 古老的城市》旁边，放一本看起来很可爱的介绍北欧设计的书，或是姆明的绘本等，这可能是非常典型的例子了。"

为什么要使用这种"落差设计"呢？中村分析，这应该和他们那一代人的思考方式有关系吧。中村这代人是在左手读着哲学书，右手看着漫画的环境下成长起来的。

"现在大家总抱着一种固有观念，认为漫画是肤浅的东西。其实，肤浅或深刻，取决于读者自身。我们都明白，浅显的漫画也可以因读者思想的不同，传达出非常深刻的道理。因此，幅允孝通过编排图书，就把自己在漫画中发现的深奥之处也传达出来了。当然，这可能只是我的主观臆断，当我们对漫画的兴趣被勾起的那一刻，就已经落入他设下的'圈套'了吧。总之，每一种媒介都有其自身的魅力，我们应该客观评价其中的乐趣。同时，还要根据情况的变化不断地调整认知，要有这样的意识。"中村拓志说。

然而，那些比中村年长的人，尤其是二战后不久出生的团块世代[1]，以及50年代出生的人，却不这样认为。

"其差别有点儿类似于人们买车的方式。比如，最初买卡罗拉，然后是MARK Ⅱ，接着是皇冠。像这样逐渐升级的购买方式，或者说借消费一步步提升社会阶层的观念，在上辈人当中是普遍现象。但是，我们这一代对此却毫不感冒。"

趣味性价值的阶层性更重要

中村说，那一辈人成长在战后物资紧缺的年代，他们的价值观就是一步一步重建生活，买电器，换更大的房子，最后再买车。

在那个时代，经济高速增长，国家经济实力不断提升，个人生活水平也提高了。每个人都在以社会为中心的这个组织中，自下而上地为了更高一层的职位而努力着。

[1] 团块一代：特指1947年到1949年出生的人。

人们相信经济会一直保持增长，一切事物都是由"下"向
"上"发展的。

　　然而，不可否认的是，那样的时代已经结束了。因为
下一代年轻人已经不再为"价值阶层"这一"权威"而心
动了。

　　对于这一代人而言，有没有趣儿，好不好玩儿，能不
能派上用场，这些才更重要。

　　因此，中村所说的"在高深的东西旁边，摆放些通俗
的物件"这一说法，严格地说或许应该是"在人们认为高
深的东西旁边，摆放一些人们认为通俗的物件"才更准确。

　　幅允孝不太喜欢拿世代论来做文章，但他的思路确实
与那些成长在经济高速增长期的人截然不同。他说，现在
的大学生都是用电子产品免费阅读青空文库，他们会把自
己出生前的那些作品全当成"古典"来看待。

　　青空文库是把在日本国内不涉及著作权的，或者得到
了著作权所有人使用许可的作品收集并公开的网上电子图
书馆。

　　为什么幅允孝、中村拓志这一代人能做到对任何事物
的价值不分上下，以等价的心态去对待呢？当问到这一点
时，中村给出了这样的解释 ——

　　"在那个只有报纸的年代，彩色电视机出现时，人们

都兴奋得不得了。然而那个时代已经远去。我们出生的时候，电视机已经不是什么稀罕物了，同时还有其他各种媒体，上大学时互联网也诞生了，在那之后又出现了博客等。我们对这样的环境觉得理所当然。正是因为我们成长在这样一个时代，所以才会形成‘等价’的价值观吧。”

都市冒险家

[CIBONE Aoyama]

　　说到 SFT，还有一家不能不提的企业，那就是负责 SFT 店铺开发及运营的 WELCOME 公司。这家公司旗下有一家名为"CIBONE"的商店，主要经营家具、服装、杂货、室内装饰用品等，也属于"编辑型商店"。

　　CIBONE 面向的是那些向往都市精致生活和那种生活方式的人，以齐全的商品和独特的店铺设计而闻名。

　　CIBON 在东京港区北青山和目黑区自由之丘两地都有店铺（自由之丘店从 2012 年 3 月起更名为"TODAY'S SPECIAL 自由之丘"），同时还设有书店。这里的选书工作也是幅允孝来负责的。

　　沿着青山大道前行，我来到了位于 Bell Commons 里的 CIBON 青山店。这家店提出了营造生活空间的构想，店内摆放着桌子、椅子、沙发，以及碗盘、玻璃杯、小刀等各种家具和餐具等，每一件商品都彰显出独特的品味，让人有购买的冲动。

　　商品在摆放上，也与那些家具大卖场截然不同。那与众不同的韵味，似乎可以唤起你对美好生活的无限向往。

店里的一小块空间中还放着几个架子，架子上看似随意地摆放着一些文库书等。商品和书非常自然地搭配在了一起。

CIBON 于 2006 年开业。在幅允孝接手之前，CIBON 就曾考虑过把书作为重要的元素，借此更明确地向顾客传达态度，并尝试把书和商品搭配在一起的卖场设计理念。

只是，尽管他们试着将"建筑""风格""艺术"等主题的书摆放在店里，但在编排上总是不得要领，没能很好地传达出店铺对于营造生活方式的建议。

公司广报部的中塚基宏表示："尽管我们想摆放更多有趣的东西，但是书籍如何选择，却是一件头疼的事。"选书还是委托给别人来做吧，当他产生这种想法的时候，脑海中立刻浮现出了"幅允孝"的名字。

CIBON 委托给幅允孝的主题是"都市冒险家"。冒险家指的是那些不惧危险、大胆探索未知之地的人，而生活在城市这个空间也同样是一种"冒险"，他们想从这个角度来表现都市生活。

幅允孝首先想到的是被称为都市生活冒险家的那些著名人物。像白洲次郎、伊丹十三、植草甚一等，他们既是文化人，又是风流雅士，都拥有让别人仰视的个性魅力及常人无法企及的成就。同时，他们还有特立独行的都市生活风格，能够让同样生活在都市中的人们产生强烈的憧憬。"如果他们生活在现在这个时代，家里的书架一定会是这样的"——幅允孝按照这样的思路，编排了书架。

毫无疑问，肯定要摆放这三个人的书。除了家具相关的书以外，幅允孝还选择了《野鸟图鉴》这种图鉴类的书籍，甚至像如何利落地杀鱼这样的书也被纳入进来。幅允孝觉得，作为大都市的冒险家，应该了解更多的知识，比如空中飞的鸟叫什么名字，怎么给鱼开膛等。

白洲次郎等三个人能让人有共鸣的地方，正是对生活的讲究。这里并不是提倡花费时间去模仿老一套的东西，而是强调要重视自己的生活细节。这样的生活方式与图鉴、杀鱼方法等主题很相配。把这样的书放在精致的家具、陈列品旁边，目的就在于唤起人们对丰富而充实的生活的向往。

中塚介绍说，自从请幅允孝来编排图书以后，新顾客就多了起来。以前来店的多是有明确购买目的或搞创作的顾客，现在情侣顾客也明显增加了。

中塚觉得，"通过书与商品的搭配，一位虚拟的都市冒险家形象——CIBON 先生已经浮出水面了"。对于消费者来说，在考虑选择什么物品，营造什么样的生活方式时，店内商品的编排方式或许能给他们带来一些启发。

对于商品和书搭配在一起后所散发的魅力，WELCOME 公司的董事长横川正纪是这么看的。

"物品和书的搭配组合是非常奇妙的，可以说达到了 1+1 > 2 的效果。它们原本就一直存在，但书是虚拟的世界，而物品（商品）则是真实的世界，将它们并排摆放，就可以扩展时空。假设这里有一个马克杯，在它旁边我们通常会放一本《热巧克力的调制方法》之类的书。但幅允孝却不这么做，他放的是小说。于是，时空瞬间得以扩展，让人不禁开始想象用马克杯喝东西时衍生出来的时间。马克杯看起来只是马克杯而已，书看上去也仅仅是书，但是，在那个点和点相交会的瞬间，新的时空便产生了。这会让你感到内心无比富足。"

书和其他物品，例如杂货相搭配时，能让人头脑中涌现出意想不到的形象和情感。正如经营 CIBON 的横川所说："把一件物品单独放在那里，那它仅仅是一件物品而已，书也一样。但是，通过将两者搭配起来，让点和点相结合，丰富的时空便产生了。在那个瞬间，人们的情感就会愉悦起来，甚至开始描绘自己梦想的世界。"

然而，物品和书的搭配并不是简单拼凑。如果只拿一些相似的书去搭配，是没有什么趣味可言的，因为那样就成了解释说明，书和物品之间也仅仅是补充关系而已。相反，物品与书之间的差距越大，就越让人感到惊奇，给人带来的情感冲击也就越剧烈，这就是所谓的"落差设计"法。不仅物品和书之间，书和书之间也是如此。就像"哲学和漫画""体育和政治""小说和写真集"等的组合，通过书的类型和内容就可以制造出这种差距。

之所以能够让这种想法成为现实，正是因为幅允孝的那份感性，就像他在给国立美术馆礼品店 SOUVENIR FROM TOKYO 设计书架时写下的那样，"'所有的物品'都是等价地连接在一起的风景"。

价值不应该有什么高低贵贱之分，对于给价值分级的做法，幅允孝是不愿苟同的。相比之下，他更优先考虑的是这种物品对一个人而言是否有趣，能否打动他的内心。如果某位读者认为哲学书和漫画书同样有趣，可以同等程度地理解它、接受它，那么对于这位读者而言，这两者就是等价的。

以这样的感性情感、思路、认知方式来判断和做出选择的人无疑正在增加。或许我们也可以这样认为，在经历了高度的经济增长之后，许多人在比较富裕的生活中形成的社会价值观已经不再是"纵向"的，而是向"横向"之间如何关联，如何发展的方向思考。

第七章

BACH 的工作

团队一起设计的书架

以"一身轻松"作为武器开始挑战

　　幅允孝的工作涉及很多方面，我们不可避免地要提到他的公司 BACH。圆满地完成各项工作虽然与幅允孝的个人才智密不可分，但 BACH 团队也一直发挥着作用。这家公司算上幅允孝一共有四名员工，其中董事藏所知司是和他一起创立 BACH 的元老。

　　在书架上排列图书时，首先要根据分类标签进行摆放，并不是从一开始就可以确定最后完工的样子。在大多数项目中，是先由大家一起选出主体图书，在这个基础上，幅允孝再进行恰如其分的调整，使书架排列得精益求精。藏所作为幅允孝的左膀右臂，参与设计了各种各样的书架。

　　BACH 创立于 2005 年。藏所在加入 BACH 之前，因为非常喜欢音乐，曾在东京代官山的一家西洋音乐 CD 精品店做过买手。他在帮忙销售原创 CD 时，一次偶然的机会通过朋友介绍，认识了幅允孝。当时幅允孝手上正做着茑屋东京六本木的选书工作，正在考虑成功完成这个大项目后自立门户。

幅允孝的身边有后来亲自设计 R25、TRANSIT 的设计师尾原史和（SOUP DESIGN 法人），以及首创日本精品书店 Utrecht 的江口宏志等人。他们和幅允孝在多次见面的过程中，常常讨论"大家一起试试做点什么吧"，就这样成立了 BACH。

藏所非常熟悉音乐，对书却是门外汉。

"不过书与 CD 相通的地方很多，所以无所谓是什么职业吧。"藏所说。

确实，它们大小相似，都是可以包装好就能带走的商品，并能使人们的闲暇时光变得愉悦。销售渠道也相似，都是从生产者那里开始，通过流通渠道（代理商）到达消费者手中。

"如果把书作为物品来看的话，其实与 CD 的性质是一样的。"藏所说。

公司成立之初，藏所的构想是创立一种没有库存的商业模式。因为他从做买手的经验中总结出，只有买断才能更负责任地"卖出去"。而幅允孝通过实际操作 BOOK246 等项目，也认为运营没有库存的图书项目这种方式可行。

没有库存的图书商业，这是一种"全新"的模式。因为没有选书师的现成模板，所以他们只有以"一身轻松"的姿态作为唯一的武器开始了挑战。

从幕后走向台前的书

BACH 成立以来，已经过了近 15 年的时间，他们收到的"想请你们来设计书架"的委托持续增加。客户涉及的职业、企业、团体也越来越广泛，可以说 BACH 的工作已经实实在在地渗入到了社会中。编排书架的需求变得越来越普遍，关于这一点，藏所是如何考虑的呢？

"我觉得 BACH 成立的这些年，正是图书逐渐融入居家生活的十几年。在那之前，书在'幕后'，而现在，它已经成为一种展示素材。虽然一些喜欢书的人、对书抱有特殊情感的人都认为，我们不应该以这样的方式对待书，但随着书不断地走进街头巷尾，它作为一种展示素材，已经进入了人们的潜意识，留在了人们的记忆里。同时，有书的风景也被刊登在各种杂志上。当大家想做点什么的时候，都愿意尝试设计书架吧。"

藏所说："大概从两年前开始，在公寓的公共空间里设置书架的项目有了大幅的增加。可能是因为比起摆上几十万日元的沙发和家具，书架更容易令人产生亲近感吧。"

与社会上某些"脱离书""远离铅字印刷品"的呼声相反，书架与书的利用价值正变得越来越高。藏所反感的是，仅仅把书作为居家装饰物来使用。

"我还是认为，让顾客拿起书，翻开书页很重要。因为只有这样，才有可能与下一步连接起来。"

设置书架后会使一个空间（例如用于室内装饰）发生某种变化。书架会对建筑和室内空间产生影响，这种关系很奇妙。建在表参道的 Tokyo's Tokyo 就是其中一例。如前所述，这家把书和杂货混搭起来的店铺，从一开始就明确了设计理念。在那里，书架并不是孤立的一部分，而是与店铺的整体设计息息相关。

选书的分量

这种作为整体店铺一部分的书架编排，与图书室的书架编排相比，从工作方法到责任大小都有所不同。直截了当地说，前者要在很大程度上为店铺的销售额负责，而后者连委托人都不用担心销售额的问题。

作为店铺设计的一部分而编排的书架，需要在短期内不断变换书籍的排列方式或者更换书籍。所以像书店、书与杂货的组合商店等，都会定期进行"书架维护"工作。

Tokyo's Tokyo 就是典型的例子。无论是羽田机场店还是表参道店，与初期的设置相比，图书的排列都有所改变。同时，图书与杂货的组合方式也随着时间的变化而不断改变。书架关系到店铺盈利，因此需要不断翻新花样。

另一方面，为了传递某种信息而设置的图书室一旦完成编排工作，基本上就固定化了，几乎没有必要进行维护与修改。

当然，书店也不全是一边倒地只考虑销售额。位于东京银座的大型连锁商店东急 HANDS 中的"HANDS BOOKS"就是一例，这里每个月都进行一次书架维护。

HANDS BOOKS 以"手的复权"为主题，跳出了综合书店的框架，按照"起居室""车库""花园""厨房"等与手工作业相关的场景来划分书架。成为一家极致的"索引商店（INDEX SHOP）"是东急 HANDS 的理念，这也可以更好地服务 HANDS 的粉丝。

负责这个项目的是 BACH 的另一位员工山口博之。

"除了定期维护，我还会及时建议他们引进新出版的书籍。当然，如果不亲自到店里体验，是没法判断出什么书畅销，什么书滞销的。因此，在决定下单采购新品时必须有对现场的把握才行。就算是市面上的畅销书，在我们的连锁店铺中也不一定就卖得好。因为客人来我们店里，未必是来买畅销书的。'在这里能遇到别处没有的书，所以要到这里来买'，让客人形成这样的印象很重要。因此，我们的畅销书常常与其他书店不同。"

山口告诉我："会出现只有 HANDS 才卖得出去的书，肯定也会有不知道为什么就畅销的书。不管怎样，出现这样的书我们都为之自豪，我们与顾客之间的距离也会因此拉近不少。"

"除了自身的销售额外，还要考虑与东急 HANDS 各楼层商品的相互呼应。书能给其他卖场带去好的影响，或者能和 HANDS 在售的其他商品一样，哪怕给人们的生活带来一点点改变，也会让人感到愉快，这是吸引回头客的好办法。"山口接着说。

除了 HANDS BOOKS，山口负责的项目还包括"CIBONE"、代官山和丸之内的精品店、"MARTINIQUE"和新宿 MARUI ANNEX 的"仿真模型"等。

走到街上观察形形色色的人

山口与幅允孝相遇，是因为参加了招聘 BOOK246 临时工的面试。那时候的幅允孝染着金色的头发，山口至今记忆犹新。

当时，山口从熟人那里得知招聘信息，在完全没准备的情况下就参加了面试。当被问到如何看待店里摆放的《哈利·波特》，小型书店该如何对待引进畅销书等问题时，山口回答说："要从店内图书的整体脉络来考虑，与氛围相符的话，可以摆放进来。"他当场就被录用了。2006 年，山口正式加入了幅允孝、藏所创立的 BACH。

山口那时还年轻，只有三十出头。用藏所的话说，他在书籍方面拥有相当丰富的知识，对书的内容也理解得很透彻。山口擅长从作者的一系列作品中抓住来龙去脉，"因为作者曾写过这样的内容，所以应该是这样"，如此这般进行分析推理。

山口以前对编辑工作很有兴趣，加入 BACH 后，他常常将各种图书信息整理成自己的语言，作为新闻发给客户。他还会直接登录国外大型书店的主页查找国外的最新出版动向，向客户发送"BACH 推荐的最新出版信息"。据说，他一次能介绍五六十本书。这些图书信息也会提供给 HANDS BOOKS、CIBONE、Brooklyn Parlor 等 BACH 的客户。

在 BACH 的工作中，幅允孝、藏所、山口三人经常一起选书，买书。有时候他们还一起逛书店（包括旧书店）收集书，或者互相分享正在读的书，根据委托人的需求制作书单。据说，为了选好书，山口还会自己做市场调研。

其中一项便是前往委托人所在地附近车站的咖啡店，一边喝咖啡，一边观察路上的行人。看他们穿什么衣服，分析他们大概是什么类型的人，研究他们的特点和性格。如果杂志上有介绍这个地区的特辑，山口也会找来阅读，然后再去实地确认。

"明明印象里是条时髦的街道，实际一看才发现，除了年轻人，还有很多上了年纪的人。社会上流传的信息常常与事实不符，因此坐在桌前做出的决定往往是错误的。"山口说。

作为选书师而被人们熟知的幅允孝，经常需要在媒体前抛头露面。藏所和山口便发挥各自的风格特点，打造出属于 BACH 团队的"选书"风格。当然，没有两位完全相同的选书师，三位选书师会编排出三种不同风格的书架。存在不同的感受和想法理所当然，但这并不妨碍形成"BACH 式选书"的标准。

在此，我们有必要先了解一下 BACH 团队编排书架的流程。

首先，从委托人提出需求开始。BACH 听取委托人的要求和意向，对应该设置什么样的书架形成大致的构想，向委托人进行演示说明。

在这个阶段，他们要拟出书架的分类标签，一边向委托人展示具体的图书，一边告知"每个分类标签下要摆放哪些书"。

在这个过程中，起核心作用的是分类标签。

"制作分类标签其实就相当于撰写文案。这基本上是由幅允孝来考虑的。"藏所说道。

结合分类标签，选择什么样的书也非常重要。

"有时侯我们确实会有非常想推荐的书。但如果只是一味按照自我喜好来推荐，是编排不出让客户或书店客人满意的好书架的。不管对象是商店，还是图书室，我们都必须考虑经营者的需求是什么，以及推荐什么书才能取悦那里的顾客。在选书阶段，即使我们觉得这本书读起来非常有意思，但如果和对象场所的磁场不合，也不能把它纳入书单。而那些即使在空间上符合入选条件，但与顾客年龄层不合适的书，我们也只能放弃。还有，要面向男性还是女性，根据性别不同，我们推荐的书也要做相应的变更。虽说并没有具体的规定条款，但'BACH 式'的基本原则和理念还是清晰的，我们会在此基础上，迎合店铺或图书室的需求进行选书。"

什么是 "BACH 式" 的风格

藏所说，我们并不是对每家店铺和图书室的书架编排都追求标新立异。无论是哪家店、什么场所，都会有最基本的书。这就是所谓的 "关键书"。

"选哪本书作为关键书，在它周围搭配什么书，这些都会让书架产生变化。这时，我们需要添加的就是能够迎合客户、顾客或读者的书。"

为了能让大家感受到书与书之间的内在联系，享受其中的乐趣，我们还要注重封面的视觉效果，摆放一些能 "吸引眼球" 的书。

制作书单的具体步骤是：首先，在向客户进行演示说明时，提出假设的分类标签。同时，明确关键书是哪些，再从关键书关联到其他书，让书架的整体形象得以扩展。下一步是制作粗略的书单，确定是加进这一本，还是删掉那一本，一本一本地进行筛选。

"做书单时，最先浮现在脑海里的书名大概就是 'BACH 式' 的基础吧。如夏目漱石的《草枕》就是我们容易想到的书名，像这样的书还有不少。其实，每个人想到的关键书都不同，关键书也会依季节和心情而改变。在东日本大地震发生之前和之后也有所变化。"藏所说。

据说，他们并不会刻意讨论把哪本书作为团队的战略用书，但平时经常会围绕各种各样的书，进行"这本书真好啊""那本书很有趣"这样的沟通交流。

"当大家能从中产生共鸣时，就会一致感叹，啊，这就是符合'BACH式'风格的书吧，被幅允孝'伸出的天线'所感应到的就是这本啊。这样的共鸣多了，就变成了大家的经验性直觉吧。"藏所这样说道。

所谓"经验性的直觉"，就是一种将未读过的新书，绘入自己的"读者地图"的能力。浏览新书书单，只要看看书名、作者、出版社、装帧，就知道这本书行不行。藏所说自己"不可能每本书的内容都知道"，他本来就是音乐行业出身，并不是什么"读书家"。

"这样的人反而能够更客观地看待书。"藏所说。反过来，如果要和那些非常喜欢书，或者把心思全放在书上的人一起编排书架，我恐怕会不知所措吧。这是因为，如果自己过于沉迷于书，内心没有了留白，就会一味考虑为什么这本书要放在这里，陷入自我纠结中无法自拔。与书保持一定的距离，内心留有空白，才能体会这个工作的有趣之处。即使一门心思沉迷于书，也要把这种执念放在一边，这一点是关键。无论如何都要表达个人心思的人，编排书架会很痛苦。

和书保持一定的距离感

讨厌书当然是不行的，但如果只是喜欢书，也不行。编排书架很重要的一点就是保持距离感，要客观地看待自己喜欢的书，想象一下其他人看这本书，会怎么想。还需要留出一部分空白，容许他人进行"解读"。这种距离感正是编排书架的一大要点。幅允孝也屡次谈到相同的观点："喜欢看书，更喜欢谈论看过的书，通过书进行交流，这些都是很重要的事情。"

编排书架这项没有前例的工作，作为生意是如何经营的呢？

BACH 从事的是没有自己的书店却与书相关的工作。这就意味着，他们要一边经营"书"这个硬件，一边销售"选书"这个软件。因为没有可借鉴的商业模式，最初，他们是根据委托人的"开价"接受委托的。现在，他们已经有了自己的价格标准，大致就是根据工作的规模和内容来定价。如果需要编排 1000 册图书，他们给出的报价就是这 1000 册图书的售价总和，再加上选书的定金。

　　"定金"部分根据内容会有所变化，凭借以往经验值就可以应对的项目和完全没有接触过的选书项目，定金是不同的。全新的项目要花费更多的时间，需要学习，选书也要花费劳力。当然，这里不会设定详细的金额，而是要根据与客户的交涉而定。因为无论项目大小，都要配合委托人的需求，确保能够灵活地酌情定价。

　　另外，并不是一次性编排完书架，他们的工作就结束了。如果是书店，或者以销售书籍为支柱的店铺，就有必要进行定期维护。设置书架时的"最初阶段"与维护时的"运转阶段"所用的费用，需要分别签订不同的合约。

　　即便是由BACH负责选书，但当委托人是书店的时候，原则上他们还是让委托人直接向经销商下单。BACH没有自己的店铺，没有下单权。因此，即使有他们非常想推荐、非常想陈列的书，关系到委托人的预算，也不可能全部按照最初制定的书单完成选书。在各种各样的限制中，他们必须展现出BACH选书的特色，同时还要维持店铺的销售额，因此工作压力非常大。

　　藏所在谈到编排书架的难处时说："无论我们选的书单多么精彩，不实际摆上书架看看，还是不知道效果如何。因此，在设置书架前，我常常紧张到肚子疼，因为不到最后不知道会怎样。"

　　编排书架这项事业，随着幅允孝这个名字的渗透渐渐被世人所知。但是，当初他和藏所一起成立 BACH 时，并没有任何前例、商业惯例、合约基准可参考，可以说是名副其实地踏入了从未涉及过的领域。他们是在逐渐积累的工作经验中，一点一点地创造出了编排书架的商业模式。

　　BACH 创立近 15 年，编排书架基本上就是慢慢积累的手工操作。无论是编排多么宏大的主题，还是规模庞大的图书室，他们都要一册一册地精心选择书，排列书，重新组合书，多的时候要编排上万册的书籍。这些都是以幅允孝为中心的 BACH 团队的工作。

　　"选书和编排书是展现不同人的个性和感受力的工作，但同时又要有作为团队的"标准"。平时注意积累各种书籍的话题以及新出版书刊的信息，就能在一定程度上知晓编排书架中的关键书是哪一本。在这个基础上，再扩大相关联的图书范围，就能编排出 BACH 式的书架"，藏所这样说道。

　　当然，这是一项对书没有兴趣就做不了的工作，但仅仅凭对书的热爱也是不行的。如何保持与书的距离这点很重要。对于需要有效利用书的各种可能性，找出它们彼此间关系的选书工作来说，重要的不是对一本书挖空心思，而是站在稍微远一些的地方，把书作为"物品"去看待。

这一切都是为了把那些充满魅力的，希望大家阅读的，值得被大家知道的书送到读者面前，哪怕只多送出一册也好。制造读者与书的相遇，这一点是始终如一的。

不过，编排书架不能完全一概而论。图书室、图书销量直接与业绩挂钩的书店，以及为开拓新业务而将图书与杂货等混合经营的店铺，它们在选书方法上各不相同。

前者要结合委托人设定的主题，按照这个方向将计划选入的书，BACH 推荐的书，期待读者与之相遇的书都直接编排到书架上，需要酌情处理的部分不多。

而后两者，在完成了最初的设置后，还必须根据销售额、盈利、顾客阶层等随时间流逝而出现的变化做出调整。书架的维护很重要，常常出现的问题是，如何让有限的人员做好本职范围外越来越广的工作。

对此，幅允孝断言："我完全没有扩大公司的想法。"

"比起增加公司的销售额，能做出业绩才是我所期待的。所谓'业绩'就是，认为'读书这事儿还不赖'的人每年能增加百分之一，并且持续增加三十年。如果我的目标是大量增加员工和客户，成倍提升销售额的话，我们大概会功亏一篑吧。选书是一项细致用心，建立在深思熟虑基础上的工作，不管不顾地扩大经营，只会中途丢失自己存在的意义。"他说。

第八章
用书的力量改变企业
辣妹题材、游戏机、百货商场

直截了当地融入辣妹¹中去

[CROOZ]

"因为幅允孝是名人，刚开始接触时我心里还有点儿战战兢兢，后来才发现他非常平易近人，完全没有距离感。这一点就让人很吃惊。"

这样谈论幅允孝的是 CROOZ 股份有限公司（东京港区）的人事总务部长（现在为董事）对马庆祐。

CROOZ 是一家以特定年轻女性（所谓的"辣妹"）为对象，经营移动业务的企业，通过手机向她们提供博客、社交游戏、SNS，以及网购等服务。这家公司 2001 年创立，是一家拥有 70 名员工的年轻公司。

对马说，公司成立之初，从提供简单的手机游戏起

---

1 辣妹：日语为ギャル，对日本 20 世纪 70 年代身着新颖时尚服装的女性的总称，在泡沫经济时期成为指代年轻女性的词语。涩谷与原宿是主要起源地。现在，这个词主要用来称呼十几岁到二十多岁的女性，她们在外形上的共同特点是头发染成茶色或浅色系，身着校服短裙，脚穿泡泡袜和厚底皮鞋。她们通常被认为有着追求时髦的外表、衣着，但是行为举止欠缺稳重，社交活跃，思想相对肤浅。

步，其实并没有打算将使用者限定为"辣妹一族"。然而，通过手机核心用户辣妹之间的口口相传，公司名声大噪，从 2008 年开始，辣妹们迅速占领了超过 50% 的顾客份额。

现在，CROOZ 的会员人数已达到 220 万人，85% 是女性，其中十几岁的占 41%，二十几岁的最多，占到 55%。

CROOZ 虽然很受年轻人欢迎，但是"面向女性的移动通信娱乐公司"这一特征，并没有作为品牌形象得到广泛传播。因此，他们希望通过设置书架的方法，将这一特征尽量具象化。

他们向幅允孝提出了设置书架的委托，放置地点就安排在公司的入口处。

被称为"博主"的辣妹可以自由进出公司入口处的开放空间，她们也可以把那里作为休息室，一边喝茶、吃点心，一边洽谈商品开发和市场推广等业务。这里以前也设置过书架，但摆放的图书五花八门，除了时尚杂志 *Popteen* 外，还有《东洋经济》、*DIAMOND* 等经济类杂志。

"这样的书架完全起不到宣传公司品牌形象的作用，肯定是不行的。必须改变现有的设计，让目标顾客能够了解我们。"对马说。

CROOZ 希望新书架能引起他们的顾客群体 —— 辣

妹们的兴趣和关注，还想让公司的员工拿起那里的书翻一翻，读一读。

CROOZ 作为一家业绩不错的公司，已经在面向风险企业的股票市场"新 JASDAQ"的"标准市场"中完成了上市。然而，由于他们开展的业务只面向特定的顾客群体，因此公司上市这件事几乎没人知道。

"在与幅允孝先生开碰头会的时候，我先从公司的业务内容开始说起，然而他却直接申请想参加一次辣妹博主们的企划会议。我想，幅允孝的厉害之处就在于此吧。"对马说道。

对于那些年龄从十五到二十几岁，被称为"辣妹"的女性，幅允孝不但没有发怵，还有兴趣参加她们的会议。对此，对马着实吃了一惊。

幅允孝在出席会议时说道："要说辣妹们平时肯定会看的书，我能想到的只有时尚杂志。"于是他大量阅读了平时绝对不会碰的 *Popteen*、*S Cawaii！*、*egg*、*BLENDA*、《小恶魔》、*ageha* 等杂志。

几位辣妹出席了当天的会议。幅允孝和 BACH 的员工坐在前面，辣妹们则围坐在四周。幅允孝向她们展示各种各样的书，同时观察她们的反应。按照原定计划，他先展示了一本摄影集和一本漫画，并介绍了书的内容和作者。

她们对美抱有强烈的兴趣

辣妹们对每个话题都有所反应。幅允孝以轻松的语气介绍着，这些平时阔步走在涩谷街头，被冠以"辣妹"称呼的年轻女孩，竟然出人意料地展现出认真的一面。

金发，贴着假睫毛，画着眼线。穿着花哨的辣妹们走路的身影，看上去有点轻浮。但是，她们中的很多人，对于家庭、学校、人际关系等有着各种各样的烦恼。这从CROOZ 博客点击排行榜前几位的辣妹博主们的谈话中就能看出来。《为何她们成了"辣妹"》(藤田知也，《朝日周刊》2011 年 3 月刊)这篇报道描写了她们可怕的经历。

有人在中学时，曾被周围的人骂道"看到你就觉得恶心""丑八怪，不要说话"。她们在学校时穿的室内鞋被塞到了马桶里，教科书也被撕坏，有可怕的被欺凌的经历。

还有的人，亲生父亲捏死过小鸟，输了游戏就勃然大怒，把电视机从阳台上扔了下去。不堪忍受这些而脱离原生家庭后，又被后来的继父没完没了地挖苦，零用钱也被抢走。这些悲惨的事情都是她们在小学时经历的。

现在，美容、时尚、化妆是她们人生的意义，通过这些出口，她们总算摆脱了悲惨的过去，有了重新开始的机会。她们将这些事写成博客，拥有相同经历的同龄辣妹们全部看过。

　　从某种意义上说，幅允孝对于辣妹们表现出来的认真态度，并不感到意外。

　　在严峻的现实和难以生存的社会中，那些与美相联系的，能使自己变漂亮的东西，和她们都是相关的。

　　对马这样说道：

　　"特别的一点是，她们只会对路易·威登等名牌展现的公认美感表现出兴趣。对时尚表现出强烈的好奇心，非常关注这些名牌所展现的最新的流行趋势。这是女性追求美的意识。因此，对这类摄影集也表现得非常敏感。"

　　当幅允孝提到路易·威登的话题时，还给她们看了记录威登过去工作的书《路易·威登：艺术、时尚和建筑》（ Louis Vuitton: Art, Fashion and Architecture ）。这时，一个女孩指着一个点缀有蔷薇花油画的包说："这个包，我曾经很犹豫要不要买！"

　　画这幅蔷薇花油画的是斯蒂芬·斯普劳斯 (Stephen Sp-rouse)，一位活跃在纽约的时装设计师，也是一位艺术家。他的设计融合了优雅的住宅区风格和充满了朋克氛围的商业区风格，以 20 世纪 80 年代的纽约为中心，非常受欢迎。不仅仅是时装，他在音乐和艺术领域也颇具影响力。当天幅允孝正好带着斯普劳斯的作品集《斯蒂芬·斯普劳斯》(STEPHEN SPROUSE)，他把这本书递给了那个女孩。

这也同样引起了周围其他女孩的兴趣，翻开书页读了起来。书中介绍了斯普劳斯与路易·威登共同创作的涂鸦系列，以及与 2009 年的街头时尚气息相吻合的 80 年代发布的荧光色斗篷和紧身衣等。

甚至，幅允孝还展示了与路易·威登有过合作的艺术家村上隆的日本画风作品。她们在看了 50 年代开始引领时装摄影世界的理查德·阿维顿（Richard Avedon）的摄影集《镜子里的女人》(Woman in the mirror)后，纷纷对持续拍摄的永恒的女性之美发出了赞叹。在看了于 60 年代迎来巅峰期的法国女演员兼模特碧姬·芭铎（Brigitte Bardot）的照片后也说："很漂亮！"

不是"可爱"，而是"漂亮"，幅允孝觉得这样的表达方式很有意思。因为无论对什么总是用"可爱"这个词来形容的辣妹们，这次换了别的词语来评价美。

看 unbridaled 这本婚纱摄影集时，辣妹们开心得"哇哇"叫。看到桐岛 Karen 的丈夫上田义彦将两人的婚姻生活拍摄成摄影集 at Home 时，她们还指着书中的一位人物问道："这位是谁，是这位美女的妈妈吗？"在此顺便说一下，这位美人的妈妈是作家桐岛洋子。

"即使人们的兴趣、活动范围、年龄等完全不同，最终都可以通过书联系在一起。总之，书的种类有很多。如今，每天都有几百本书出版，虽然我觉得书太多也是问题，但正是这大量的带有积极意义的'问题'，才能让陌生人拉近彼此的距离，这就是我在实际工作中感受到的。"

幅允孝在自己写的书《幅书店的 88 册书：即将成为你的血肉》、*MAGAZINE HOUSE* 中这样写道。

从近处到远处

幅允孝在给从完全找不到切入点的人做企划说明时，经常会这样说："基本上，如果只摆放我自己喜欢的书，到头来只会帮倒忙。而如果只摆那个特定群体感兴趣的书，书架就会变成封闭的圆环。"

幅允孝很重视与用户的直接对话，他称之为"采访"。就算不了解对方的文化背景，只要见了面，他就能先了解这个人。把对方和自己连接在一起后，就会发现，自己对他们不了解，不过是兴趣不同所致。这样想，就会明白，在自己不了解的事物中也可以感受到快乐的要素。

这同样也适用于编排书架。关于书的排列方式，幅允孝意识到的是"渐变"，也就是逐渐靠近的方式。

"比如说，如果一上来就给辣妹们看《地球之歌》，她们只能想到，'哦，地球的照片'。因为这与辣妹们的兴趣相差太远了。那么，不如换一种方式，考虑如何从切入点开始，一步一步地接近。像魔法一样的东西并不存在。"

例如，如果希望她们想一想非洲内战，毫无铺垫地直接开始是很困难的。也不是没有能让她们直接考虑这个问题的书，但是对于更关心"如何把头发高高束起来好好打扮自己"的女孩们来说，她们的思路恐怕还到不了非洲内战。或许，把黑柳彻子的书作为切入点是可行的，因为同样总是把头发高高束起的她在"发型装饰技巧"上绝对是大前辈。说起黑柳女士，她也参与过与难民相关的工作，是一位有了想法马上就付诸行动的人。如果给辣妹们看黑柳的书，她们能说出"啊，这个发型真好啊"，也许就能自然而然地引起她们对非洲内战和难民问题的兴趣了。

"我总在考虑，如何把我想传达的思想与她们伸手可及范围内的事物连接起来。例如，当我想让她们看罗伯特·路易斯·史蒂文森（Robert Louis Stevenson）的书《金银岛》时，可以先谈谈漫画《海贼王》，这样她们就能理解了。当然，即便如此，也还是免不了有焦头烂额的时候，我所说的很多她们都不理解。不管怎么说，我还是想尽可能多地告诉她们书的益处。"幅允孝说。

三个核心

经过调查，幅允孝决定用"FASHION""BEAUTY&
HEALTH""LIFE STYLE"三个主题来设计 CROOZ 的书架。

选出的书一共 150 本。书架分为三层，横向长 10 米
左右。其中并排摆放着介绍滨崎步的特辑杂志和介绍美国
设计师蒂芬·斯普劳斯的书，还有圣罗兰的人像摄影
集，以及在蒂芙尼、普拉达、奥斯卡颁奖仪式上嘉宾们走
红毯的时装摄影集等。这些是"FASHION"主题的书。

在"BEAUTY & HEALTH"主题区中，摆放着《世
界香水指南》、冈崎京子的漫画《恶女罗曼死》、摄影集
GOLFCOURSES 等。关于"LIFE STYLE"主题，则选择
了彼得兔的立体绘本、蜷川实花的照片集、筱山纪信的摄
影集等。

据说书架完工时，员工们一起发出了欢呼声。幅允孝
的书架在 CROOZ 的女孩间获得了很高的评价。

"时尚被辣妹们视为女性最根本的部分，对她们非常
重要。为了迎合这种兴趣，书架向她们展示了世界的顶级
时尚。书架上的各种图书都保持了很好的平衡。就连来公
司恰谈工作的客户都说'真是一个像模像样的好书架呀'。"
对马这样形容道。

巨大的造型物

[FIELDS]

作为选书师，幅允孝经手编排过各类企业和社会团体的书架。如今，来自新兴行业的委托更是源源不绝。看着不断丰富的客户类型，可以重新感受到书潜在的可能性。

我感到，无论在任何一种场合，书都可以作为主角"潇洒亮相"。

在东京涩谷，在去往道玄坂路上的右首有一个派出所，从派出所旁边的台阶上去，是一幢写字楼。

一走近这座大楼，就能透过玻璃窗看见一些比人高许多的巨大桌椅。初次到访的人可能会吓一大跳 —— 这到底是什么？

这里是"FIELDS"总公司的入口，这家公司以弹珠机和老虎机等游戏机的企划、批发、销售等为主要业务，同时还经营动漫角色和内容的企划，移动在线业务，以及健身俱乐部等与运动相关的业务。

进入大楼后，巨大的桌椅作为一种造形物被放置在室内。空间整体设计注重装饰性，洽谈区里那个宛如遮阳伞一般的巨大灯罩也格外引人注目。

　　巨大的桌子上还放着大竹筐，里面装着比人头还大好几倍的苹果和西洋梨等水果模型，让人感觉像是误入了神话中的小人国。公司的前台就在那张巨大的桌子下面。

　　不过，这一层的主体并不是这些尺寸巨大的造型物，而是橱柜式的书架。这些木制的古典书架至少有 3 米高，放置在看似随意的空间中。书架上陈列着许多大开本摄影集，封面向外，很是醒目。整个楼层就是一个规模庞大、华丽夺目，却又洋溢着童心的空间。

　　这里共有22个书架，题材各不相同。包括"沟通""游戏的哲学""新工作""日本""HEROES""动漫""艺术的系谱""食""生活之不可思议""向往旅行""故事的力量"等。图书共有 2500 册，由于摄影集和图鉴数目众多，在视觉上给人一种不同凡响的感受。

　　漫步在这里，感觉像是到了一个图书的露天游乐场，就算只是一个书架接着一个书架地边走边看，也绝对不会厌倦。

把公司的未来视觉化

　　FIELDS 为什么将公司的入口处设计成这样奇特的一

个空间形式呢？

公司总务部课长星屋善之说："我们想用视觉化的方式展示公司今后的发展目标。"

FIELDS 的销售额约为 922 亿日元（2012 年 3 月），其中，游戏机的市场占有率达到了 90%。主要业务包括《新鬼武者》《新世纪福音战士》等老虎机的内容企划及台机销售，还与 SAMMY 和 SANKYO 等大型制造商合作，共同开发游戏性和娱乐性都很高的台机。

但是，FIELDS 今后并不想继续定位于一家与游戏相关的企业，他们想摆脱弹珠机公司的形象，计划逐步发展为业务范围更广泛的娱乐类企业。具体来说就是构建包括漫画、动画、电影在内的与创造性思维全面相关的业务。

公司企业宣传室 IR 课长高野拓也说："私人时间的使用越来越多样化，人们的兴趣也越来越广泛。随着 IT 的进步，娱乐的内容逐渐成为消费的对象，但其内容自身的含金量却变得越来越低。"

因此，虽然现在以内容为基础的具有很强游戏性的产品大受欢迎，但目前这样的状况并不能让 FIELDS 满足。

他们认为，为了支持主业发展，使其不断成长壮大，今后内容的开发和获得将更加重要。同时，漫画、动画、电影这些创造性强的领域要与大众化娱乐产业相结合，并与内容相互关联。为了应对娱乐行业整体状况的改变，FIELDS 正在不断拿下知识产权（IP）。

其中的成果之一便是获得了"奥特曼"系列的许可证。制作该系列的圆谷制作公司成为 FIELDS 集团的其中一个公司，CG 的大型制作公司 Digital Frontier 也被他们收入麾下。另外，FIELDS 还与小学馆 Creative 合作，共同出资设立了 HERO'S 出版社，创办了《漫画杂志》月刊。

这样一来，FIELDS 就可以将出版社创作的漫画改编为动画片或电影了。FIELDS 通过与从事创作的企业合作，重新激活并挽救了呈现枯竭倾向的内容产业。FIELDS 并不满足于迄今为止的成功模式，而是想要构建志在未来的企业形象。公司总部大厅那堪称奇特的入口，正是基于这样的构想而设计的。

书籍比影像更合适

入口的空间设计委托给了森田恭通。森田是一位不仅限于日本国内，同时也活跃于纽约、伦敦、上海等国际舞台的设计师。他除了精通室内装饰，还参与平面设计和产品设计，作为艺术设计师也享有很高的知名度。

"把入口的空间设计和书结合起来。书是知识之泉，而知识是创造性生产的根本。因此，在公司的入口处必须得有书。"星屋这样说道。

"其实，最初从幅允孝先生那里拿到书单时，我还想象不出会做出什么样的书架来。但是设置完毕之后我发现，从书的排列方式，到书的封面设计和绚丽的色彩搭配，它们共同构成了这些精彩的书架。"

这个空间的面积共有 130 坪，而编排图书需要一个半月的时间。这里有很多进口书，其中有一本书的重量甚至超过了 10 公斤。迄今为止，我看过幅允孝在各种场所编排的各种书架，这里使用的书，恐怕是最高级的了。

就拿这里的一本写真集来说吧，如果只是通常的开本，气场上就会完全输给空间。因为空间里巨大的桌子和椅子等"家具"组成的造型物，会带给访客强烈的震撼和冲击，所以需要与之相称的书。而这些毫不逊于宽敞空间的图书也为整个空间平添了很多乐趣。

"入口完工时，我看到这些异常庞大的家具，心里还想，这算是什么啊。老实说，当时我们都觉得，这能算是公司的前台吗？但是，比这种疑惑更强烈的是，我们从空间中感受到了一种绝对的动人心魄的力量。"

说这话的是担任总务部长的宇野浩司。宇野还说，"看到这么有个性的空间，我开始期待更多能够理解公司理念的应届毕业生来应聘了"。

2012 年 4 月 1 日，入口开始投入使用。包括洽谈区在内，员工可以从下午 6 点到 7 点之间自由地使用所有的空间，还可以从书架上借书。

"最初的设计方案并不是在入口放置家具和书架，而是放上大屏幕，播放一些影像。但是看到成品就知道，还是现在的设计拥有绝对的存在感。比起看着画面不断变化的影像，还是从书籍的文字和照片中获得的信息量更大。书具有一种神奇的力量。大家都说，这种力量不是数码技术可以简单替换的。"星屋说。

打造美和健康的楼层

[伊势丹新宿店 BEAUTY APOTHECARY]

2012 年 9 月，伊势丹新宿店主楼新设了地下二层卖场，名为 "BEAUTY APOTHECARY"。这里以女性最关心的美与健康为主题，为顾客提供相关的商品和信息。

从光鲜华丽的一楼化妆品卖场乘扶梯而下，一个氛围完全不同的沉稳空间展现在眼前。

地板、墙壁和书架统一采用了木纹图案，为避免灯光直接投射，空间内还设置了几处遮挡板，形成阴影设计。

"我们打造了一个以前从没有过的卖场形象。"

女性杂货营业部商品责任部长小宫仁奈子这样说。

大家对 APOTHECARY 这个词语可能还不太熟悉，翻译过来就是我们以前说的 "药店"。并不是说真的生了病，而是当身体出现各种各样的不适感、不舒服、精神压力等症状，但 "还没到生病" 这个阶段的时候，顾客能够轻松地前来咨询，我们从这层意思上取了这个名字。

伊势丹一直致力于为顾客提供有利于女性保持美丽和健康的自然有机化妆品、植物香料、健康辅助食品等。为进一步发展这方面的业务，她们将开设这个卖场作为一项新挑战。

"当下的保养固然很重要，但是对于那些希望在五年后、十年后依然保持美丽，依然能够健康地、有活力地享受时尚和生活的人来说，现在需要怎么做呢？我们要为她们考虑到这一点。我想即使不能立刻看到效果，对今后而言，做好现在的功课必然也是非常重要的。"

这样说的，是女性杂货营业部的采购员吉野绫。

在这个卖场里，配有营养师和芳香保健师等专业女性店员，她们随时待命为顾客提供咨询和指导。她们的工作服也选择了给人以柔和印象的淡蓝色轻薄材料，有一种容易让人感到亲近的氛围。另一方面，身体护理、彩妆、中医、健康辅助食品、香薰、食材等商品整齐地陈列着，既干净利落，又显得很壮观。

在可以环视整个卖场的位置上，一个长达十几米的书架，彰显着独特的存在感。在化妆品和健康相关的商店里，摆放这么大的书架是非常少见的吧。商家的用心与热情借助书架传递了出来，给人留下了很深的印象。

以美与健康为主题的卖场为什么要摆放书和书架呢？吉野这样解释：

"一方面大家对健康和环境的关注度越来越高；另一

方面，各种各样的信息也越来越多。我们希望能起到过滤器的作用，为顾客提供更优质的信息和知识，于是就想试着设置一个有关美与健康的书架。"

除了实用书以外，他们还考虑向顾客推荐各领域的综合类图书类型。

"女性常常会被心情所左右，有的顾客来咨询对抗衰老、化妆方法等方面的问题，也有不少顾客抱着各种烦恼来解决心理方面的问题。比如要缓解失眠的话，香熏可以促进睡眠，像这样的建议都可以从售货员那里获取。我认为美与健康的实用知识固然很重要，但更重要的是，在心理问题上我们也要为女性朋友们排忧解难。"

小宫也补充说道："对时尚感兴趣，整年都在伊势丹购物的顾客们，非常关心自己的心灵和身体。对于这类顾客，我们不仅要考虑商品的效果和功能，还要思考怎样让她们把内心所想分享出来。书籍所提供的信息在各种自我觉察、自我认知、希望被理解等问题的解决上，都能够提供契机。"

这个楼层的目标顾客主要是三四十岁的女性，不过，伊势丹也期待能通过摆放书架来扩大顾客范围。实际上，小宫和吉野都表示，只是站在书架前，人就会就变得非常开心，很多书都想拿下来翻翻看。

延长顾客的停留时间

这里的图书共有900本。既有与健康直接相关的《"糖尿病"完美食谱》《详尽"女性体检"之书》《40岁开始提高女性荷尔蒙的方法》等，也有赫尔曼·黑塞（Hermann Hesse）的《任性是最被低估的美德》，还有海涅的诗集、史努比的绘本、关于宇宙的书，以及向田邦子的随笔、小说。甚至还聚齐了手塚治虫的漫画《火之鸟》，含增刊一共有12本。所谓的美，不只是修饰外表，还要反思内心。书架上的书清晰地诠释着选书人的编排理念。

"还是向田邦子的书最畅销。老实说，最初看到《火之鸟》时，我还在想，这哪能卖得出去。"吉野说。

实际上，与吉野的担心完全相反，这套书第一天就卖掉了。像《美容成分百科辞典》这样2000日元一本的书第一天也卖出了三本。这个书架颇受顾客欢迎，每周可以卖出200本左右。另外，因为有了书，顾客对时间的分配也和以往不同了，她们在这层楼的停留时间明显增加。

来这里的顾客都有着怎样的消费习惯呢？分析数据得出的结论是，买书的顾客中有六成的人会同时购买身体护理品和护肤品。愿意花时间站在书架前或者坐在椅子上看书的人也多了起来。回头客不断增加，其中似乎还有不少顺路来逛逛的男性顾客。

"女性的心情与感觉每天都会发生变化，比如说今天觉得很不错的香熏，到了明天也许就不这么认为了。对书名也一样，今天感兴趣的和明天喜欢的并不一致。因此，可以说她们给人的印象就是来这里寻找喜欢的书名。在幅允孝编排的书架上，我惊讶地发现，学生时代看过的书居然被摆放在这里，实在是不可思议。"小宫说。

吉野则说："在其他书店，我经常不知道去哪个区域找书，也很难发现自己想要的书，而这里的书似乎总是在视线所及的地方摆着，这种展示方式很有意思呢。"

设计书架的幅允孝表示，他以前基本没看过与女性美容健康相关的书，"借着编排这个书架，补上了这一课"。

在共同磋商如何编排书架的过程中，店方在提供商品目录的同时，还把女员工之间经常传阅的书籍，以及员工们看了觉得不错的书籍等信息也都告诉给了幅允孝。

幅允孝还参加了负责造型服务的约50位售货员的例会，并与其中的15人分几次进行了交谈。在交谈过程中，幅允孝给她们看了从宏观宇宙空间到微观世界的摄影集。

"大家觉得这个怎么样？"幅允孝问道。"确实非常好，但买回去的话太大了。"女员工中出现了这样的意见。书很有趣，但是开本太大，她们觉得麻烦。也就是，对于女性来说，开本小一些的书可能更受欢迎。这样的意见在设计书架时也被考虑进去了。

面向个人而设计的书架

对于书架设计的一些启发，幅允孝是从和女员工的聊天中得到的。比如，从最近流行在家里就能做的伸展体操，就能引出员工们出于工作原因，很容易造成腰肌劳损等话题。从这样的交谈中，幅允孝对于店方希望编排什么样的书架，自己应该摆放什么样的书，逐渐形成了具象化的构想。这可以说是一个模拟顾客的方法，因为幅允孝这次要考虑的不是如何让伊势丹新宿店的所有顾客都去读自己选的书，而是如何为单个顾客选书。

对于幅允孝从个人视角出发而设计的这个书架，小宫毫不掩饰自己的惊讶，觉得非常新鲜。

"我们以前学习的都是'数码式'的商品陈列方法。例如，在最吸引顾客视线的位置陈列优质的商品。但是，幅允孝先生的书架编排方式完全不遵循规则，颠覆了业界常识。在最好的位置上不一定摆放最好的东西，这和我们一直实行的物品销售方法完全不一样。他只管展示书名，而顾客会被哪一点吸引是千差万别的，很有意思。"

如果说商品的陈列方法有"伊势丹方程式",而幅允孝的书架则采用了与其完全不同的"商品＝书"的陈列方法。

伊势丹关于 BEAUTY APOTHECARY 的尝试,也得到了同行业其他公司的关注。据小宫说,其他一些公司也想尝试摆放书籍,但因为卖场面积和销售额的关系,迟迟下不了决心。因此,他们都密切关注着伊势丹的这种尝试和挑战。

"顾客和同行业的人都说,可以很明确地看到这个楼层的目标方向。从这个意义上说,书架就不是单纯的摆设或象征了,它必须让顾客发觉自己的潜在想法,让这里成为一个可以购书的卖场。"

从企业对书架的强烈关注度上,我们看出,幅允孝的书架编排具有新时代的意义。

有一个大型汽车品牌的开发部门,几年前也曾委托幅允孝设计过图书室。他们提出,虽然是汽车品牌,但他们不希望书架上只有机械方面的书,而是要涉及与整个自然和科学相关的领域。

为何需要这样一个书架呢?对此,责任人这样说:

"我认为今后只朝着一个方向前进,是无法成长的。我们迄今为止走过来的路,现在已经行不通了。不向着其他方向前进的话,将来很难发展。读书可以让人受到启发，可以修正思考方向，还可以鼓舞士气。在这些意义上，书就像是二级火箭一样。"

迄今为止的思考方式和方法，无法开创未来。要想打破闭塞的状态，转变思想观念并获得新的视角，书是很有力的武器，这正是那位大型汽车品牌的负责人感受到的。

另外，他还对作为产品的书，以及高质量的书所具有的力量和价值给予了很高评价。书的内容是文字，而文字所拥有的力量是书的核心力量。然而，书的力量还不止这些。那位负责人说，由封面、标题、照片等组合而成的"书"，作为一种媒体具有过硬的综合实力。

这个时代，经济越来越发达，物质和信息越来越丰富，企业难以保持独自的存在感。每家企业的产品都达到了一定的标准，无论买哪一种都差不多。所有企业都要直接面对一个问题，那就是如何才能将自己的生产"价值"渗透到社会中去。

这是所谓的向外的视线。另一方面，企业还必须反思自己的存在意义，这是向内的视线。面向未来，如何重新认知公司的创立理念、经营方针、组织活力等各种课题，是每一位企业员工都需要思考的。

因此，书作为一种已经视觉化的知识资产，我们要重新审视它的力量，并加以灵活运用。

第九章

书与人的交点

电子书与纸质书的未来

电子书的呈现方式

"这是一台电子书阅读器，里面存有约 100 本书。我特别喜欢重松清，总是想看他的书。像这样把阅读器放在口袋里，随时随地都可以拿出来，对我来说就像是护身符一样呢。"

电子书事业公司"Booklista"的高级经理加藤树忠笑着这样说。

加藤手中的电子书阅读器是由索尼公司开发的电子书，一台售价是 9000 日元。电子书阅读器的内容（书）由索尼的电子书在线商店"Reader Store"提供。

截至 2012 年夏天，加藤一直作为店长在 Reader Store 工作。Reader Store 设立于 2010 年 12 月，那一年被称为"电子书元年"。

自 Reader Store 开张以来，其实幅允孝一直在参与书的选择与运营工作，只是不为人所知罢了。

"我们想成为一家'书店'，但没有什么管理图书的经验。幅允孝知道如何在'书架'上摆书，如何选书。我们希望和他合作，于是就提出了委托。"

一直将书作为"物品"对待的幅允孝，是如何与网络上的书店 —— 这个既不具备真实物体性，也没有"身体"的书店一起工作的呢？对这个问题他又是怎么考虑的呢？虽然我很想尽快弄明白这些，但在解说它之前，还是先简单介绍一下索尼电子书系统吧。

首先，要有一家公司提供数字化内容的"书"和"杂志"，这家公司就是加藤作为店长曾工作过的索尼"书店"，即在线书店 Reader Store。

Reader Store 把拥有的书籍、漫画、轻小说、杂志等内容资源都放到网站上。截至 2012 年 10 月 19 日，Reader Store 的日语电子书总册数已达到 67900 册，其中 2000 本免费提供。

要购买这些内容资源，需要可以阅读的电子设备（终端），与 Reader Store 相对应的机型有"Sony Reader"，以及"智能手机（Android）""平板电脑（Android）""Play Station Vita"。

读者购买以上电子设备，获取索尼 ID，付钱购买后就可以下载电子内容资源 —— 是这样的一个系统。

现在，加藤在索尼的经商 SonyMarketing 及 Booklista 就职，开展以电子书的流通为支柱的业务。

电子书内容资源由持有版权的出版社提供，Booklista

作为线上平台，收集并销售各个出版社的内容，承担了
"转销"的功能。同时，从电子书专用终端到智能手机，
Booklista 不仅为适合各种机型的内容给予支持，还提供内
容资源和书籍信息。

纵观电子书的商业模式，我们可以发现，所谓电子书
籍，就是指包含"出版社""经销""终端"在内的纸质书
全部流通体系的"电子化体系"。

电子书在被媒体报道时，经常会出现这样的画面，
"像翻动纸质书一样，在终端上翻开书页"。而且，因为
Kindle、iPad 等终端总是强调"书籍"这个词，造成终端
常常在不知不觉中形成了书的形象，不得不说这是电子书
矮小化的表现。所谓的"电子书籍"就是把从出版到读者
阅读为止的"书"的全体架构都放到终端里面。

这样考虑的话，电子书的登场其实展现了与"纸质书"
不同次元的"人与书的接触方式"，这是我们应该明白的。

将 BACH 的技巧应用到电子书上

幅允孝与索尼的电子书有什么关系呢? 据加藤所说，
他们的关系随着时间的推移而发生着变化。

"书店刚成立时，我们需要在这个宣传推广期明确自

己的定位。Reader Store 想成为什么样的书店？怎样才能使顾客心情舒畅？我们在这些问题点上与幅允孝一起反复思考，仔细地进行了讨论。得出的结论是，我们要成为一家让爱书人感觉舒适，并能吸引书迷前来的书店。为此，我们又认真考虑了需要挑选什么样的书籍。"

成立初期，幅允孝的主要工作是为一家网站全力制作"好奇心书架"，这家网站是为宣传电子书阅读器而特别开设的。

"我们的目的是让书与某种事物相关联，比如，像照相机或地球仪这样的事物，就能够引人遐想。借此，我们就可以向读者展示推荐书目。读者在买书之前，可以在显示器上先试读。虽然网络书店不能像实体书店那样，把书成排摆到大书架上，或者巧妙利用书籍的大小、厚度进行编排，但是可以选择特定的页面，让读者阅读后产生兴趣。"加藤说。

幅允孝还制作了"好奇心地图"，用地图的形式展现书与书之间的联系。举一个例子，点击哲学家"尼采"的名言，就会关联到各种书，并且通过地图的方式呈现出来。换言之，就是用验证关键词的方式，进行分类选书。这原本就是 BACH 最擅长的工作。

就如何选择 Reader Store 的上架图书，索尼和 BACH

会每周召开一次例行会议。在会上讨论决定两三周后发布什么书，要在网站上投放什么广告，以及挑选哪些新出版的书。

网站上方的头图是"特辑"框。在"意外的新发现 —— 偶然的相遇"特辑中，每个月会邀请两位活跃在社会各界的嘉宾进行对谈，然后将采访报道刊登上去。幅允孝也要参与每次对谈主题的策划，以及邀请谁参加等诸多事项。

从过去的存档可以看到，已经有近150人受邀参加过对谈。比如，他们邀请过年轻社会学者古市宪寿，喜剧艺人、旗下有着"爆笑问题"等组合的太田PRODUCTION董事长太田光代，经济分析家、独协大学教授森永卓郎，原摔跤选手、高田道场董事长高田延彦，歌手JUJU，咖喱研究家水野仁辅等各行各业的嘉宾前来对谈。在网页上，他们还会附图专门介绍嘉宾推荐的书、嘉宾喜爱的书等，页面内容非常充实。

各个栏目的书籍介绍和解说，都由幅允孝和山口负责执笔。由于电脑、平板电脑、智能手机等终端的不断增加，需要配合各种终端分别撰写文章，这也就增加了BACH参与整个工作的机会。

加藤说，随着时间的推移，市场状况出现了各种各样的变化。最突出的就是买漫画的人和看杂志的人增加了，还有就是智能手机也可以用于阅读电子读物，加入了终端的行列。

"原本我们设想的顾客群体是喜欢书的人和平时经常看书的人，后来则开始尝试在不同终端上提供不同的内容。例如，向索尼阅读器的读者推荐文字多的书。而平板电脑可以显示色彩，我们就向这部分读者增加彩色的内容。"加藤说。

他们为 PC、平板电脑、电子书阅读器等终端提供的内容资源基本相同，但特辑就不尽相同了。同时，根据不同的终端，还需要改变呈现方式。这些在每周一次的会议上都会做具体的研究。

读书会也开起来

令人颇感意外的是，他们还经常以 Reader Store 的读者为对象定期举办读书会。活动会邀请著名作家作为嘉宾，与读者一起讨论互动。幅允孝是主持人，而读者则带着索尼阅读器或平板电脑，一边看一边相互交流、提问，并且发表意见。

迄今为止，他们邀请过角田光代、大沢在昌、石田衣良，以及其他著名作家。读书会的地点有纪伊国屋书店和三省堂书店等。

"也许有人会问，电子书的活动要安排在纸质书书店吗？对我们来说，在线下书店举办活动能够让读者面对面地感受阅读的乐趣与精彩。索尼的业务范围涉及音乐、游戏、录像和娱乐，书也作为其中的一项，能让大家的生活更加丰富多彩，这就够了。"加藤这样说道。

在美国，人们经常邀请作者举办读书会、读书沙龙之类的活动，幅允孝从很久以前就开始关注这方面的信息。可以说，这样的活动也是有效利用电子书来维系读者的好方法。

而杂志则会利用一些更加实际的手段。

某杂志刊登了介绍咖喱的特辑。购买这本杂志后，地图上便会以最适合智能手机的形式显示出相关的内容，按一下店铺的电话就可以直接预约。

"我和幅允孝探讨过电子书的优点，结论是，它能让人们自由地随时找出喜欢的书。索尼阅读器可以存储1000本以上的书籍，而且方便随身携带，可以同时阅读多本书。购入索尼阅读器时，预装的内容资源中还包含了推荐书单，里面介绍了50本书。"

通过幅允孝在索尼 Reader Store 的工作我们可以看

出，虽说纸质书与电子书有所不同，但在如何让好的书、有趣的书与读者相遇这一点上，编排电子书与纸质书的本质是一样的。

幅允孝即使在不同的舞台，也一样在通过选书，以及制造与书籍相遇的契机，享受这份工作带来的乐趣。

"我自己从小就很喜欢阅读，身边总是带着书。但，书终究只是工具，我并不认为大量阅读以及阅读名著有多重要。比起这些，我认为更重要的是在日常生活中，书与人如何亲密相处，它对生活起了什么作用。只要明白了这些，无论是阅读纸质书、电子书，还是通过电脑页面来阅读，都无所谓。"（出自《新潮45》）

关注电子书

你是否关注过，现在的电子书市场到底有多大？

加藤说："现在连游戏机上都能阅读，营业额稳定增长，市场已经形成。

"原本电子书在国内就有一定市场。但是，电子书中的畅销书一般与实体书店不同，大多是轻小说。不过，现在从 Reader Store 的畅销排行榜可以看出，在文库书上，书店的畅销书也同样能在电子书中上榜。新市场已经形成，出版社提供的内容资源也在不断增加。从这种意义上说，这两年的出版界也有所变化，电子书的市场扩大了。"

除了索尼以外，很多企业也开始积极加入电子书行业。最近，在线零售平台乐天发售了"Kobo"，其他还有 Apple 的"iBooks"、DOCOMO 的"Dmarket"、Sharp 的"GALAPAGOS"、KDDI 的"LISMO Book Store"等。

2012 年 10 月，美国大型电商亚马逊公布，将从同年 11 月开始在日本国内发售电子书阅读器"Kindle"系列。同一时期，Apple 的新型平板电脑型多功能终端"iPad mini"也明确表示将加入这一市场。电子书市场的终端设备实实在在地增加了。

另一方面，调查显示，大众对电子书的关注度还不高。2012 年 8 月到 9 月，朝日新闻进行了关于电子书的全国调查。关于"是否正在读电子书"这个问题，回答"正在读"的占 5%，而回答"没有读"的占了 93%。

根据年龄层不同，结果差距很大。回答"正在读"的人中，20 ~ 29 岁的占 13%，30 ~ 39 岁的比上一年龄段有所减少，为 10%，40 岁以上就更少了。

但是，对于将来"想尝试使用"电子书这个问题，回答"想尝试使用"的比例占 30%，回答"不想尝试使用"的占 56%。在回答"想尝试使用"的人中，20 ~ 49 岁的回答者占了将近四成（20 ~ 29 岁占 38%，30 ~ 39 岁占 36%，40 ~ 49 岁占 38% ）。

比起年轻一代，似乎年龄大的人对电子书的关注度更高。回答今后"想尝试使用"的占 30%，与回答"正在读"的 5% 相比较，可预计将来使用电子书阅读的人会有所增加。现在，作为电子书阅读的"内容资源"还远远不足，市场也还没有达到人气爆棚的程度，但总有一天，随着软件的充实，它将获得更多新读者。

"Booklista 认为，目前还处于大家共同建设一个健全市场的时期。除去原本在电脑和翻盖手机上卖出去的书，电子书的流通量占整个图书流通量的 2%～3%。当然，现在这个数字还在不断增长，总有一天，电子书会占到整个出版界营业额的一大部分。"加藤说。

电子书使纸质书销量增加

本书的目的并不是推测电子书市场将来的走向，因此我不打算展开再说了。但是，如果学习产业史就会发现，新进入市场的机器，在占据一定的市场份额后，有时会驱逐原有的产业。虽说拥有悠久历史的纸质书籍不会那么容易消失，但在这个时代，大量的书籍和信息都被数字化了。而且，能够自由使用互联网，对电脑、智能手机、平板电脑等来者不拒的年龄层已经占据了人口的大部分，可以想象，电子书的普及将进一步发展，而纸质书的市场规模与现在相比很有可能会继续缩小。

但加藤说："在美国，随着电子书的出现，纸质书的销售额也增加了。"

"有人说，电子书一出现，纸质书恐怕就会逐渐消失。但是，我们希望达到的状态是，电子书的出现反而增加了人们了解图书的机会，进而更想去读纸质书。"

加藤说："书既有适合用电子书阅读器阅读的时候，

也有适合在纸上阅读的时候。纸质书不会消亡。"事实上，在 Reader Store 的"意外新发现"板块中，还刊登着一篇题为"想阅读的一本纸质书"的文章。

Booklista 的员工都是爱书人。在东京赤坂的办公室入口处，也放着书架，上面陈列了一些跟书的历史及做书相关的书籍。里面的会议室里还立着一面从地板顶到天花板的书架，上面成排地摆放着过期的杂志和漫画，都是压卷之作。里面甚至还有昭和三十年代的少年漫画周刊杂志。这是幅允孝与图书协调员内沼晋太郎共同设计的书架。

"大家都是书迷，喜欢被书包围的感觉。我们希望前来的访客也能感受到办公室的那种沉稳、放松的气氛。"加藤愉快地说。

电子书与纸质书并不是敌对的，两者之间相互联系，能够共同增加人与书相遇的机会，让出版界更加充实和繁荣。加藤的话中带着这样的期待，Booklista 的办公室里也处处展现着这种期待。

幅允孝也认为，不必只强调电子书，只要人们的阅读时间能增加就足够了。他希望有更多的人把书拿在手里，希望制造书与人"幸福事故"般的邂逅。

"我想做的是，让世界上的书随时随地都触手可及。"

书的身体感觉

幅允孝肯定了电子书的优点，同时，也切身感受到了电子书与纸质书的不同。

他认为，两者最大的差异就是身体的感觉。

"老实说，我用 iPad 等液晶屏幕看不了书，总觉得刺眼睛。因此，长篇大作我都是看纸质的。用电子书看长篇，我们的身体无法感知这本书'什么时候结束'。这并不是说我在带着'希望早早看完'的心情阅读，而是只要改变文字大小，页码就提前结束了，这样'不可靠'的感觉让人觉得心里没底。也就是说，阅读纸质书时很容易测量出自己与书中故事的距离，如'好像就快要看完了''只剩下几页了，还会发生什么呢'等。"

这是幅允孝与书评人永江朗的对谈内容（登于"WEB书的杂志"上）。

电子书阅读起来很费劲这一点，终究会随着机型的改良而得到改善。但是，从纸质书上得到的身体感觉，电子书是否能具备我们还不得而知。不如这样说，电子书减弱了读书的"身体感觉"，同时增加了便利性。

在对谈中，永江还说道："我认为虚构类小说适合用电子书看，我很喜欢躺在床上看书的感觉，用电子书的话就能从书的重量中解放出来了。"

是否便于阅读，多少存在个人差异，但是用电子书看小说的习惯可能最终会扩展开来。幅允孝还说："这本用Reader看，那本看纸质书，像这样使用不同的媒介也是很重要的。"

幅允孝在与书籍协调员内沼晋太郎的对谈（登于"WEB书的杂志"上）中也这样说道：

"现在还少有'这本书想看纸质版''这本想看电子书'这种关于书籍适应性的讨论。但是，比较一下两者的阅读体验就能明白其中的差异。我觉得，看电子书需要用到眼睛和头脑的部分，而看纸质书则意外地需要动用整个身体。"

说到最能让人有这种身体感觉的书，幅允孝首先提到的是先前介绍过的加西亚·马尔克斯的《百年孤独》。书中的时间线跳来跳去，阅读的时候需要多次翻到前面确认内容。这本书的一大特征便是读起来费力气，用幅允孝的话说就是，"倒回去重新阅读也是阅读这个故事的一部分"。

"詹姆斯·乔伊斯的作品《尤利西斯》有一种厚重的手感，读完后能让人产生'读了这么厚一本书'的满足感。

相反，在屠格涅夫的《初恋》这薄薄的文库本中，我们会惊讶地发现，里面竟然描写了这么多恋爱的要素。这是只有看纸质小说才能感受到的不寻常之处。

"如果是纸质书的话，我们凭借指尖的感觉和不由自主的记忆，可以大致推测要寻找的内容是在哪一页，'大概是这前后吧'。就好像是摸索和追溯着一个在指尖的感觉和记忆交叉点上的不确定目标。"（幅允孝与内沼的对谈）

纸质信息和电子信息的不同深度

幅允孝还谈到了电子书显示器（界面）上的文字与写在纸面上的文字之间的不同点，颇有意思。

如果是显示信息量不大的表音文字的话，可以使用电子书，但如果是汉字等信息量很大的文章，用电子书阅读就会非常辛苦。

例如，当我们在电脑、手机、智能手机上收发邮件时，写下"某某樣[1]"几个字，怎么看都觉得文字与文字之间拥挤不堪，给人以压迫感，就会想用平假名的"さま"

---

[1] 某某樣：在日语里，"樣"接在人名或表示人的名词后面，表示尊称。"樣"的平假名写作さま，读作 sama。

来表示，写成"某某さま"。幅允孝把这种差异称为"界面深度不同"。有相同感觉的人应该不少吧。使用汉字这样的表意文字时，电子媒体是无法充分表现其深度的。

"即使是相同的文字，电子书界面显示出的样子和写在纸上的样子，也会带给读者不同的印象，同时关系到阅读的便利性。虽然这是看似微小的细节，但我却认为这种差异非常重要。

"工作上，也会遇到这样的情况。我还是喜欢印刷在纸上的信息。纸质和显示器不一样，可以看到字里行间的信息。比如，纸上写着'谢谢'这个词语，是像纸板一样的厚纸，还是轻飘飘的薄纸，写在不同的纸上给接受者的印象完全不同。因此，作为可以展现微妙差异的介质，我想还是纸质更加优越。"幅允孝说。（*Switch*，2008 年 5 月刊）

纸这种材料印上墨水就是一页，把一页页装订在一起就成了一本书。变换纸和墨水的颜色，以及文字的字体，就可以改变一本书的样子。比起显示屏，纸更加有优势。

纸的宇宙

对于纸和书的关系，引领日本战后平面设计风潮的设计师杉浦康平有着深刻的洞察：

　　"一张纸放在桌上，这只是平淡无奇的、安静的日常风景。而眼前铺开的一张白纸，例如工作中常用的复印纸，不过是被随意摆布的日常材料罢了。它无法吸引观察者的视线，连微弱的存在感都失去了。

　　"然而，一旦它被具有某种意志的人拿到手里，开始写下文字，画上线，涂上色，一张白纸便成了满是信息的载体，或者能够映照人心的镜子。它便开始在时间和空间中独立。

　　"从一张'普通'的纸，到'不同寻常'的纸，有时还会成为'无可替代'的一张纸而改变了存在感。"（"杉浦康平·搏动的书——设计的手法和哲学"展览资料）

　　杉浦把 50 多年的职业生涯全部倾注在了书籍设计上。无论是从数不清的书籍册数、崭新的设计、书籍的外观，还是从设计的角度精准捕捉书作为一个"物体"所有的侧面和局部，他都力求充分发挥这叠纸的可能性，展现出每本书所包含的世界观。

　　关于构成一本本书的"纸的宇宙"，杉浦说了很有意思的话：

　　"我们来说说文库本吧。一本 A6 规格，258 页的普通厚度的文库本，只需要 2 张 A0 规格的纸张就能印成，很吃惊吧。"

所谓 A0 规格，就是指国际用纸标准规格中最大尺寸的纸张，即 841 mm × 1189 mm，换算成厘米就是 84.1 cm × 118.9 cm。

"A0 规格对折两次得到 4 页 A1 规格，再继续对折两次变为 A2 规格（第二次，8 页）及 A3 规格（第三次，16 页）……如此类推，一直对折成 A6 规格（第六次，128 页）。如果使用 0.1 mm 的纸张，此时的厚度已经高达 6.4 cm。'好，现在印刷完毕。'刚才眼前又大又薄的两张纸，怎么就变成了实实在在的文库本呢，突然觉得有点难以置信。从纸到书。从轻飘飘的不可靠的东西，到稳固的三次元物体……这简直就是羽化成蝶般的巨大变化。"

仅仅是 0.1 mm 的薄薄的纸，重复折叠后有了一般物体的厚度，描述得太精彩了。

像纸这样隐藏着热情力量的材料，与书籍作者的热量结合在一起，造就了被称为书的"物体"的力量。它不仅刺激我们的视觉，还能唤醒我们的手指、手腕等身体的感觉。啊，这沉甸甸的重量，这无法言喻的封面的质感，以及纸张与墨水交织而成的新刊书籍的气味。这样的手感能让拿到书的人充分感受到，"阅读"这一行为不只是通过视觉和头脑来进行的。

这样的纸质书所散发的魅力，书这种"物品"所具有的多层次的、多样的价值，幅允孝是非常认同的。

"我选择纸质书时，非常在意装订和印刷，还有纸张的触感和墨水的味道等。既然人们是依靠身体进行活动的，那么具有实际存在感的纸，就能使人产生亲近与可靠的感觉，这暂时是不会改变的。"

书籍绝不仅仅只是写出来的某种文本，而是一个集合体。它融合了印刷纸张的种类、材料，印刷的文字、字体，封面、装帧、书芯的装订等多种长久以来传承至今的技术要素。

"我们之所以会回忆起某本书，不仅仅是因为它的内容，还牵涉到其他的很多要素，比如厚度、装帧、当时的记忆等。读了像这样依附着诸多元素的书，最终会成为我们自身血肉的一部分吧。无论如何，阅读对我们的日常发挥着作用，在我们度过的欢喜悲伤的每一天中都非常重要。无论是纸质书，还是阅读工具不断进化、系统日臻完整的电子书，只要人能够作为主体自由地驾驭它们，并从中获得更大的阅读自由，就足够了。"

最后，我想讲一场与众不同的活动。

每年4月下旬到5月上旬的黄金周长假期间，在东京六本木的东京中城草坪广场，都会举行为期10天左右的"公园图书室（Park Library）"活动。

从地铁大江户线六本木站出发，进入中城最高的塔"中城塔"，往右边继续走，透过玻璃，就能看到草地广场了。开阔的视野和奇异的风景引人入胜，"景色真好啊！"第一次来到这里的人总会情不自禁地发出这样的赞叹。

在地势缓慢起伏的草坪广场上，每逢节假日都可以看到携家带口的游客和情侣等，随意地躺卧在草地上，享受悠闲的时光。幅允孝在这里摆放了图书，想让大家感受一下在室外看书的美好。

这些图书的展现方式也很有新意。幅允孝在草坪广场上放置了一些篮子，每个篮子里都装着三本书，配有野餐垫。篮子还可以免费借走。

从 2009 年开始，这个活动已连续举办了 5 次（2009 年 10 月也举办了）。活动用书由 BACH 根据几个关键词选出，也就是 BACH 的推荐图书。所谓关键词，也就是分类标签。比如，2012 年的关键词之一是"家庭的联系"。推荐图书包括 *at Home*（上田义彦）、《回家吧 2》（藤代冥砂）、《静子》（佐野洋子）。还有一个关键词是"与自然的关联"，图书包括《plants walk 东京道路植物指南》（柳生真吾）、《花之国·虫之国——熊田千佳慕的理科美术绘本》（熊田千佳慕）、《生命的历史——从起源到现在的地球生命故事》（弗吉尼亚·李·伯顿）。

　　天气晴朗的午后，太阳暖洋洋的，人们拎着篮子漫步在草地间的小路上，或躺着，或坐着，或趴着，悠闲地翻看着书页。而幅允孝则满心欢喜地眺望着这样的风景。

　　我最初与幅允孝相遇时，他对"翻书页的行为"正慢慢从人们的日常生活中消失产生了强烈的危机感。但是，只要有相遇的机会，人们就会翻开书页。在太阳下放眼望去，这真是一幅好光景。

　　书不只是室内的读物，也可以在室外阅读，生活的所有场景里都应该有书的身影。如果人们不再走进书店，那么，就让书走出去吧。这是幅允孝从一开始就不断强调的事，这个活动也是其中的一次尝试。

来自韩国的邀请

[现代集团]

2012 年，一个项目落到了到幅允孝身上，它来自一个意想不到的地方，韩国代表性的大企业 —— 现代集团。

现代集团计划于 2014 年在首尔市内设立"旅行图书室"，希望幅允孝作为管理员参与进来。

这个图书室，是为了让韩国人和来访韩国的旅客更深地了解韩国，从而为他们提供帮助。幅允孝的工作内容是为图书室挑选 4000 册文艺书和写真集，完成书架的编排。

幅允孝说，韩国人经常看日本的杂志，因此从杂志上知道了他的事迹。

幅允孝设计了一种按照不同地区排列书和写真集的方案。他说，韩国翻译出版了很多欧美和日本等地的书籍，因此书的选择面相当广。

"当然，即便是同一本书，放到日本的书架和放到韩国的书架上，呈现出的形象是不一样的。但是，我宁愿不改变原有的编排方法。因为不只是摆放一本书的问题，还有在这本书旁边搭配什么书，在对面放什么书，我打算将思考的结果连成一体展示给大家。就算我们的构思没能被完全领会，如果大家的理解超越了它，也有可能会引发某种化学反应吧。"幅允孝说。

幅允孝以前也收到过来自美国的同类邀请。当时是打算设计一个能展现日本书籍特色的书架，可惜美国翻译出版的日版书数量有限，最终计划没能实现。这次韩国又提出了编排书架的委托，这让我们再次强烈地感到，选书师在国外正受到关注。幅允孝告诉我，国外几乎不会像日本这样为书店编排书架，也不会制作这种借助视觉效果展示图书魅力的图书室。

"经常有美国书店的同行对我说，你们的工作可真细致呀，像插花一样。他们对于书的排列方式似乎毫不在意。"幅允孝说。

从这个意义上说，幅允孝开拓、创造了在世界范围内也极为少见的工作吧。

我第一次听到"选书师"这个陌生的称呼是在2008年。说起来实在失礼，当时我对于从事这个工作的幅允孝还一无所知。

从那以后到现在的四年多时间里，"幅允孝"三个字的知名度不断扩大，渗透到很多地方。他活跃的身影超越了出版行业，遍及报纸、杂志、广播、电视等各种各样的媒体。

　　为写这本书进行采访时，正好赶上幅允孝的工作忙碌期，我追踪着他一件又一件的工作，通常是这边刚做完采访记录，那边又有一件新的"书架"作品完工。在幅允孝作为策划人的能力广受认可的同时，我也切身地感受到，一些坊间认为不会畅销的书，在他另辟蹊径的构思下，开始获得读者的关注。

　　其间，我尽可能多地往"编辑书架"的现场跑。我想探究的是，这么多书走出书店的理由是什么，以及这些书被书店以外的企业、组织等所需要的背景是什么，这也是我写这本书最重要的目的。

　　随着采访的深入，我在追踪各种"现象"的过程中有所发现。与靠书"吃饭"的行业相比，和书籍没有直接关系的行业、企业、团体委托幅允孝"编辑书架"的比例会更高。

　　还有一点就是，这些企业或相关人士都对自身现状有明确的"危机感"和"变革"意识。

　　起初，我觉得这是时代在"变化"的反映。但是仔细想想，这其实是社会停滞和封闭的结果。即使有人能看到问题所在，但是由于各种情况错综复杂，互相制约，现状也无法得到改变。改革难的现实，体现在社会各行各业，图书行业也不例外。我实实在在地体会到，要改变这种"窘迫"的状况，恐怕不是件容易的事。

或许可以这样说，正因为如此，书所具有的超越时代的、永恒的生命力才越发突出。这是深不可测的潜在力量，只有将纸张固定在一起的图书才具有这种力量。古今中外，人们用手撰写、编辑、出版的书，堆积在世界的各个角落。如果只是被放置在落满灰尘的仓库里，它们不过是一捆捆的纸张而已。但是，如果换一种"出场方式"，它们便会生机勃勃地复苏，释放出让读者内心觉醒，点燃他们心中热情的潜在力量。

如果一味重复原有的态度、方式，一切都不会改变。岂止如此，我们很快就会走投无路，因为时代发展分明已经遇到了瓶颈。

然而，人们的想法和行为动机，相比以前都发生了改变。对此，委托幅允孝工作的人们已经敏锐地感知到了。而且，他们都不约而同地把书作为一种表达思想、意见的方法和手段。对此我感到新鲜，更感到惊讶。

幅允孝按照委托者的要求，不断为我们展现出书架上丰富多彩的世界。在这个过程中，一本又一本的书焕发了光彩。这真是不可思议的体验。

书本来就拥有自己的生命。无论是厚重的传说故事，还是轻盈的随笔；无论是薄薄的一本写真集，还是面向儿童的绘本、漫画，都包含着书写者、创作者的想法和信息。即使是很朴素的作品，即使是无名之辈写的东西，也都充满了趣味。可以说，只要遇见有缘的读者，它就是读者眼中最好的书。在畅销书旁边，幅允孝会若无其事地摆上完全没有名气的书。它堂堂正正，光辉毫不逊色。在幅允孝的编排下，那些布满灰尘、被深埋在某些旧书店角落里的书，重新被召唤到阳光下，再次绽放出生命的光辉。

"啊，真是太好了！"

我不由得想试着和这些书搭个话。

本书只介绍了幅允孝的一部分工作，他所涉足的"书架编辑"门类广泛，要全部网罗，这一本书恐怕写不完。关于他工作的延伸内容，请参阅文后的附录。通过这些资料，我们可以窥见当今社会对书籍的渴求。另外，有些受访者的职务后来发生了变化，但本书基本上仍然沿用采访时的称呼。同时，请允许我省略对全体人物的敬称。

本书的采访时间跨度很大，随着时间的推移，书中提到的一些书架有了很大变化，也有的地方撤除了书架。比如：茑屋东京六本木、BOOK246、涩谷出版＆书商、阿迪达斯等。还有的地方由于经营偏离最初的计划，或者由于业务需要，而不得不改变书架的情况。每天有大量的新书出版，书店的书架也在不断变化。书是有生命力的物体，书店的店面也总是背负着"变化"的宿命。在长期采访中，我也了解到，书架一旦编排好就不会有大变动的图书室和作为经营主体的书店是有差别的。

只是，当思考到书如何才能与读者"幸福地邂逅"，书店能否让新读者转过头来，将目光投向书的时候，我深感编排书架这一工作的意义重大。

我希望读者朋友们能够理解我的这一观点。所以，虽然书中的一些内容距离采访已经过去一段时间，但我依旧是按照采访时的内容来撰写的。

在采访过程中，我再次感受到了书的力量和以前未曾关注到的魅力。我遇到了好几本以前从未见过的书，书的世界真是无穷无尽。无论是过去还是现在，书都没有变，一直都在那里。只是书的数量太多，书的销售方式也变得效率化。在这样的过程中，有魅力的书一本接一本地消失。这实在是太可惜了。随着数量不断增加，书籍文化反而有被削弱的感觉。如果只优先考虑供给方的利益，依旧延续现有的书架分类方法，就无法促成书与读者更好地相遇。怎样才能让人们把书拿在手里？怎样才能让人们把书买回家去？我想，这需要所有与书相关的人各自摸索，各自奋斗。

　　一本书，有时候会把读者带到世界的尽头，让思想飞向几亿光年的远方。我期待着这样的书能够被全世界的人们读到，同样也期待着愿意阅读它的读者看到它。很多书我们都没有机会读。我们一生中能遇到的书也很有限，正因为如此，我想尽可能多地遇见自己需要的"好书"，哪怕多一本也好。

　　"书不是很爱'说话'，因为它们的内容都写在纸上。所以只有靠读过它的人进行介绍，才能把书发出的声音传播出去，没有其他办法。"幅允孝说。

　　喜欢书，更爱聊书的幅允孝，为了将每一本书尽可能传递给更多的读者，为了让书闪耀得更加璀璨夺目，今天也在某个地方正聊着书的故事。或在书店，或在咖啡书吧，或在图书室，或在电子书籍中。

神户眼科中心

以书为媒介，建立一个有爱的"援助空间"。

墙上的石头可以发光，弱视者也可以攀登。

高低错落的地面。

寻找视觉和记忆的交叉点。

用家具的凹槽代替把手。

配置各种色彩明快的座椅。

与正常人一样体验攀登的乐趣。

怀着一颗崇敬之心为视力残障者选书。

日本屋·圣保罗

在书架上展现世界观。

体验整个世界从书架上扩展开来的感觉。

日本屋·伦敦

用敏锐的选书视角来展现日本文化。

给予观者安静而深刻的冲击。

民藝 Mingei – Japanese 'Folk Crafts'

"民间艺术"主题书架。

自然 Japan and Nature

春 Spring　夏 Summer　秋 Autumn　冬 Winter

"日本的自然"主题书架。

感受书中的"民艺之美"。

寻找书与人、书与书的连接点。

寻找属于自己的传达方式。

收获启迪的书架。

日本屋·洛杉矶

书可以展现日本的内在形象。

日本文化在国外获得高度认可，书的作用功不可没。

布鲁克林珀拉

"布鲁克林珀拉博多"店内。

"布鲁克林珀拉新宿"精选而出的2500册图书。

Tokyo's Tokyo 东急广场第二航站楼店

在漫画格子中展现世界观的书架。

"东急广场表参道原宿店"，书架设计采用漫画格子样式。

Tokyo's Tokyo 羽田机场第二航站楼店

培养"旅行心情"的场所。

SOUVENIR FROM TOKYO

打破了美术馆内商店的固有印象。

CROOZ

如果只摆放某个特定群体感兴趣的书，书架就会变成封闭的圆环。

把想传达的思想与读者伸手可及范围内的事物连接起来。